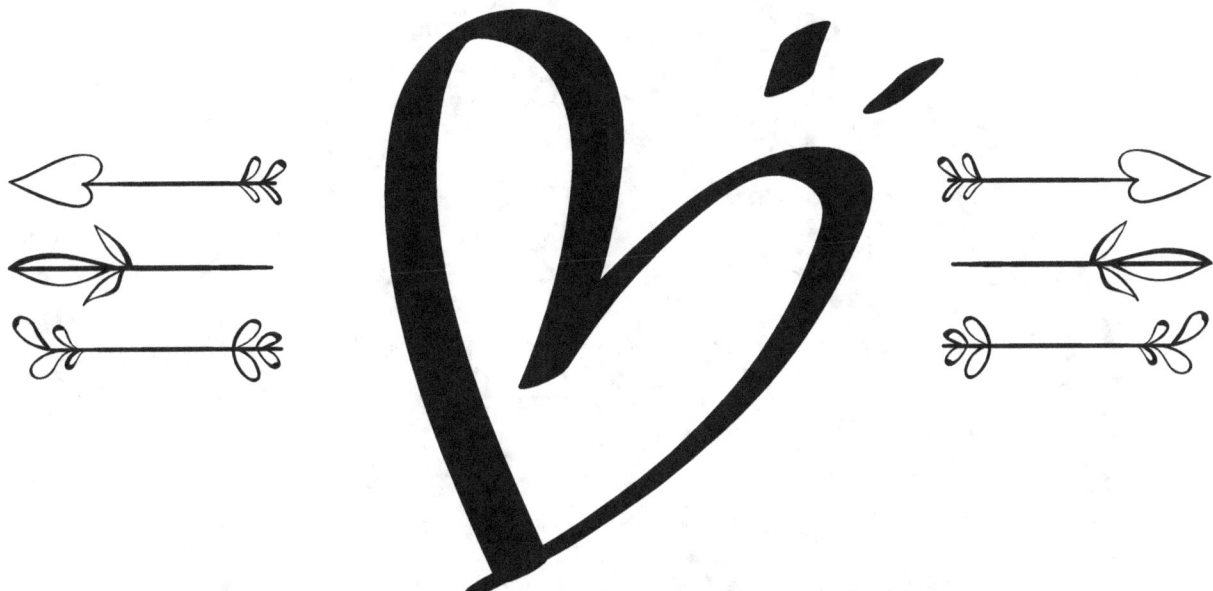

Ce Livre Appartient à

Colorez Cet Escargot

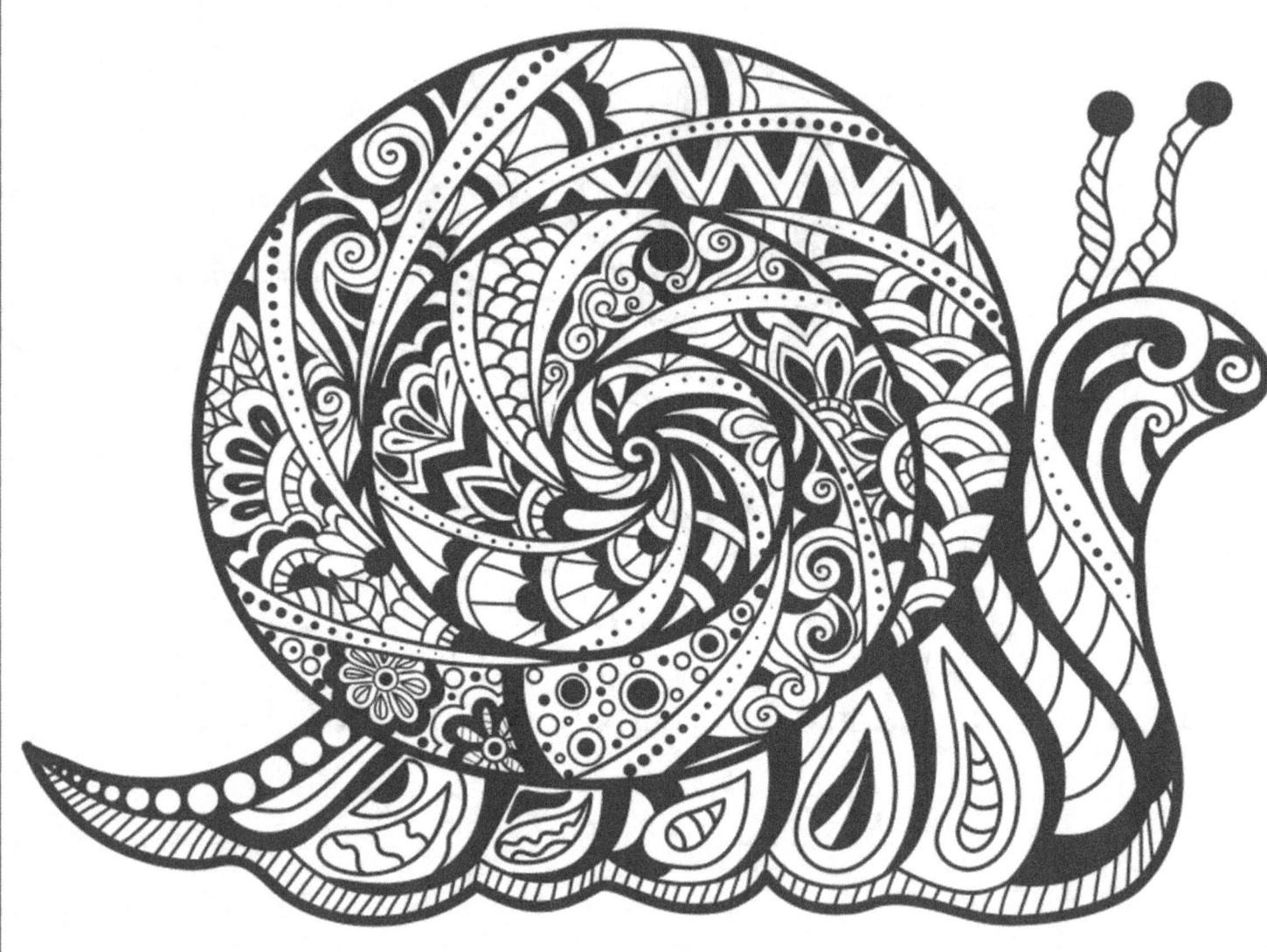

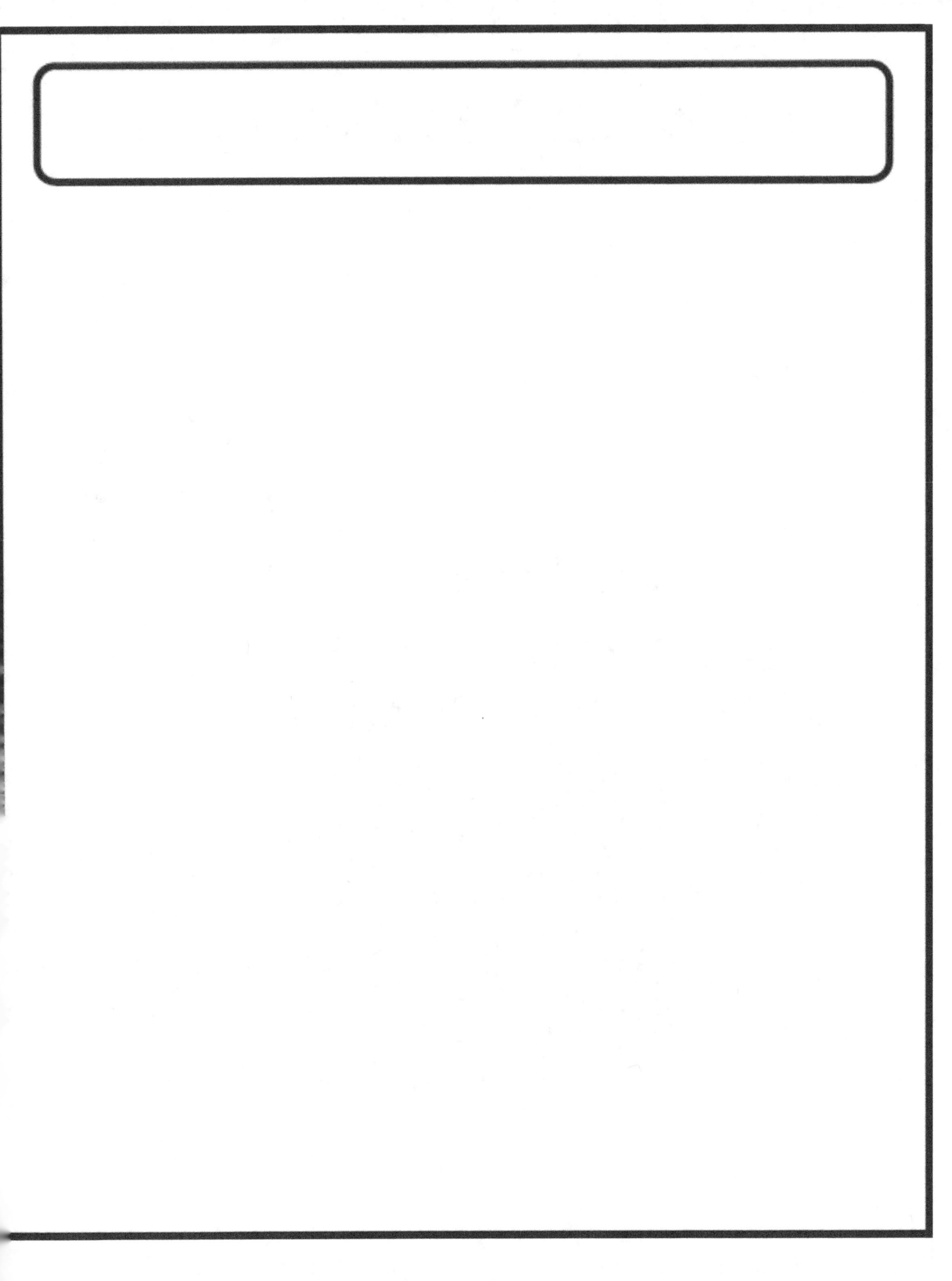

Colorez Cet Escargot

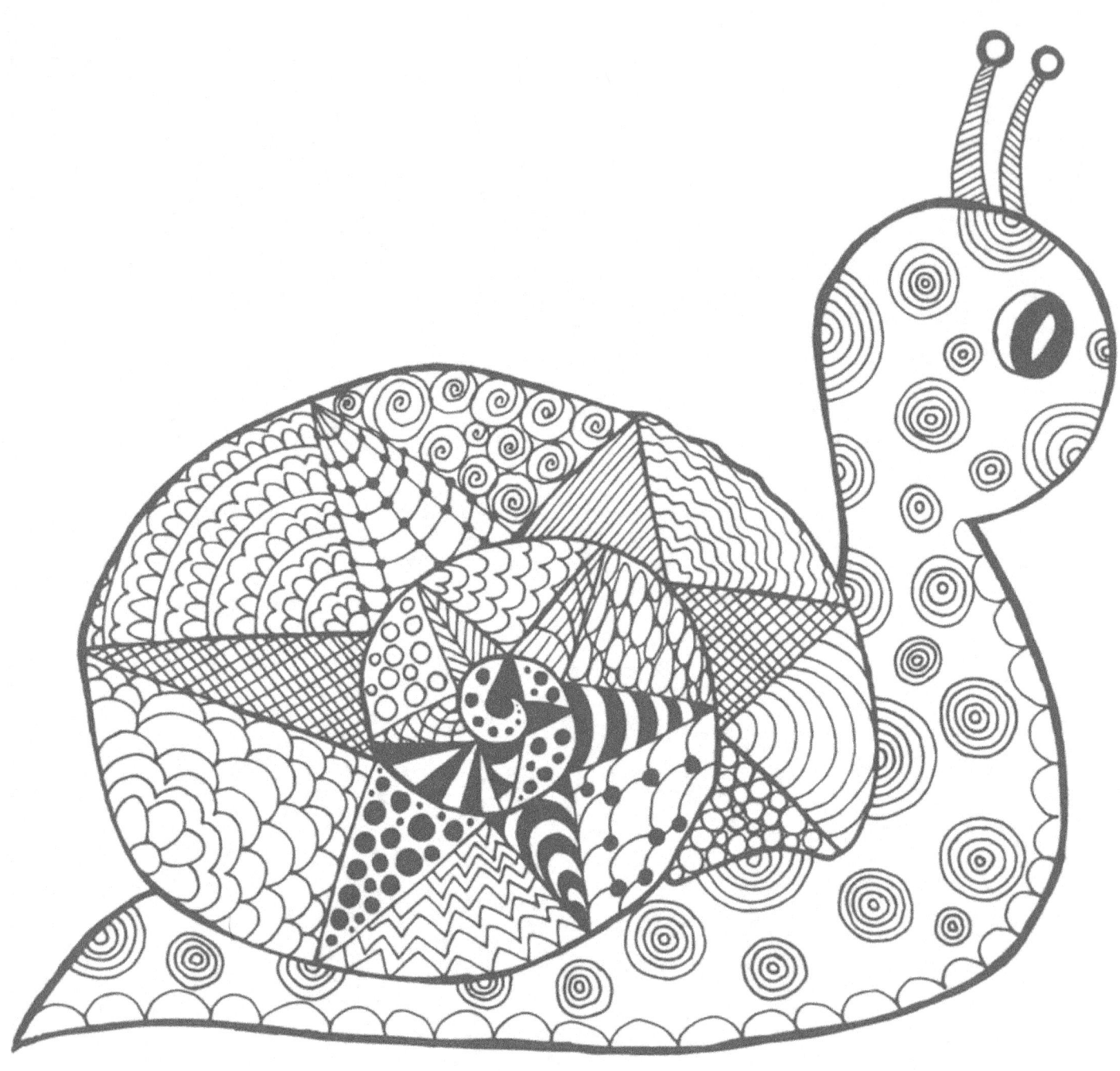

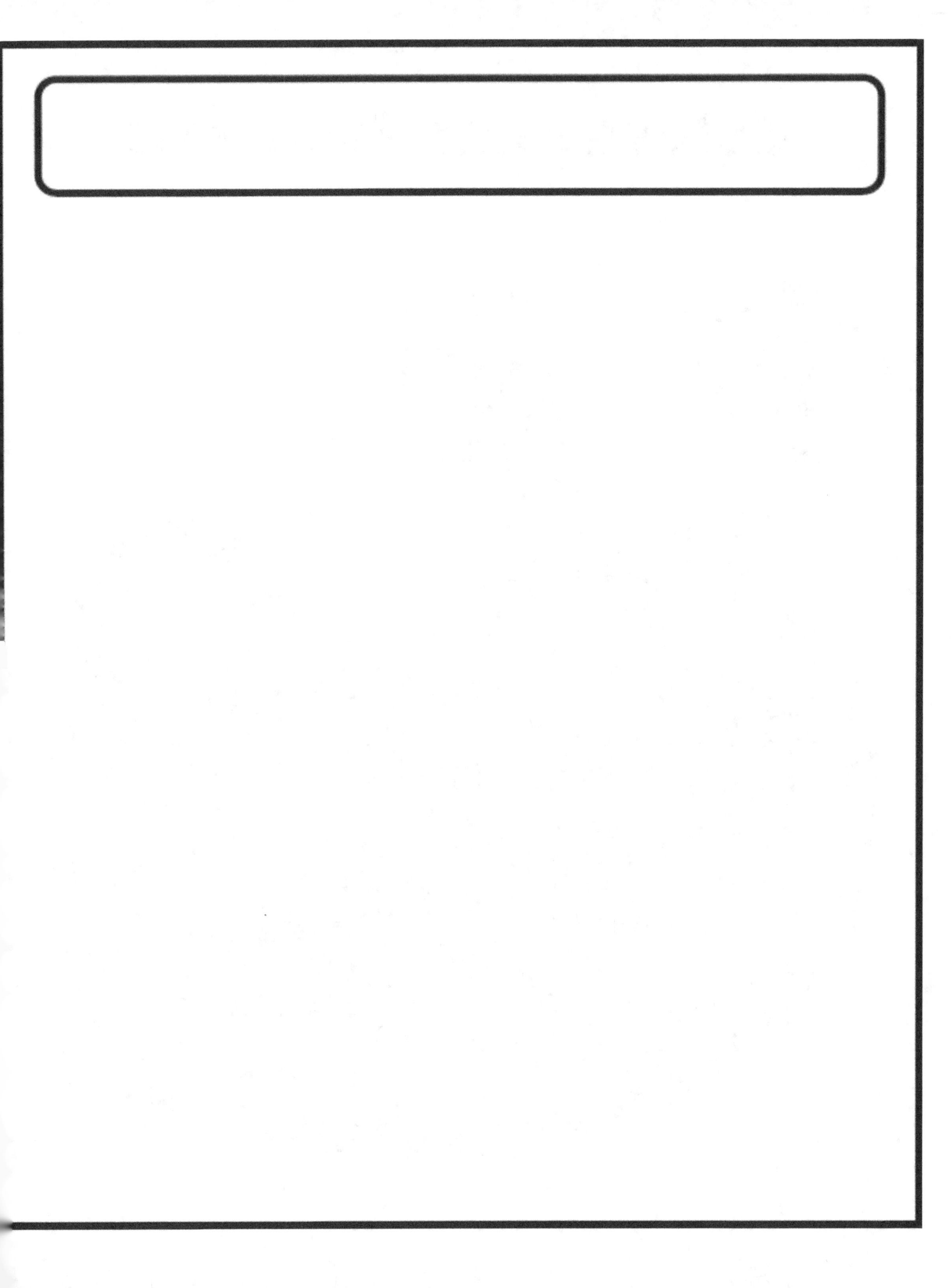

Colorez Cet Escargot

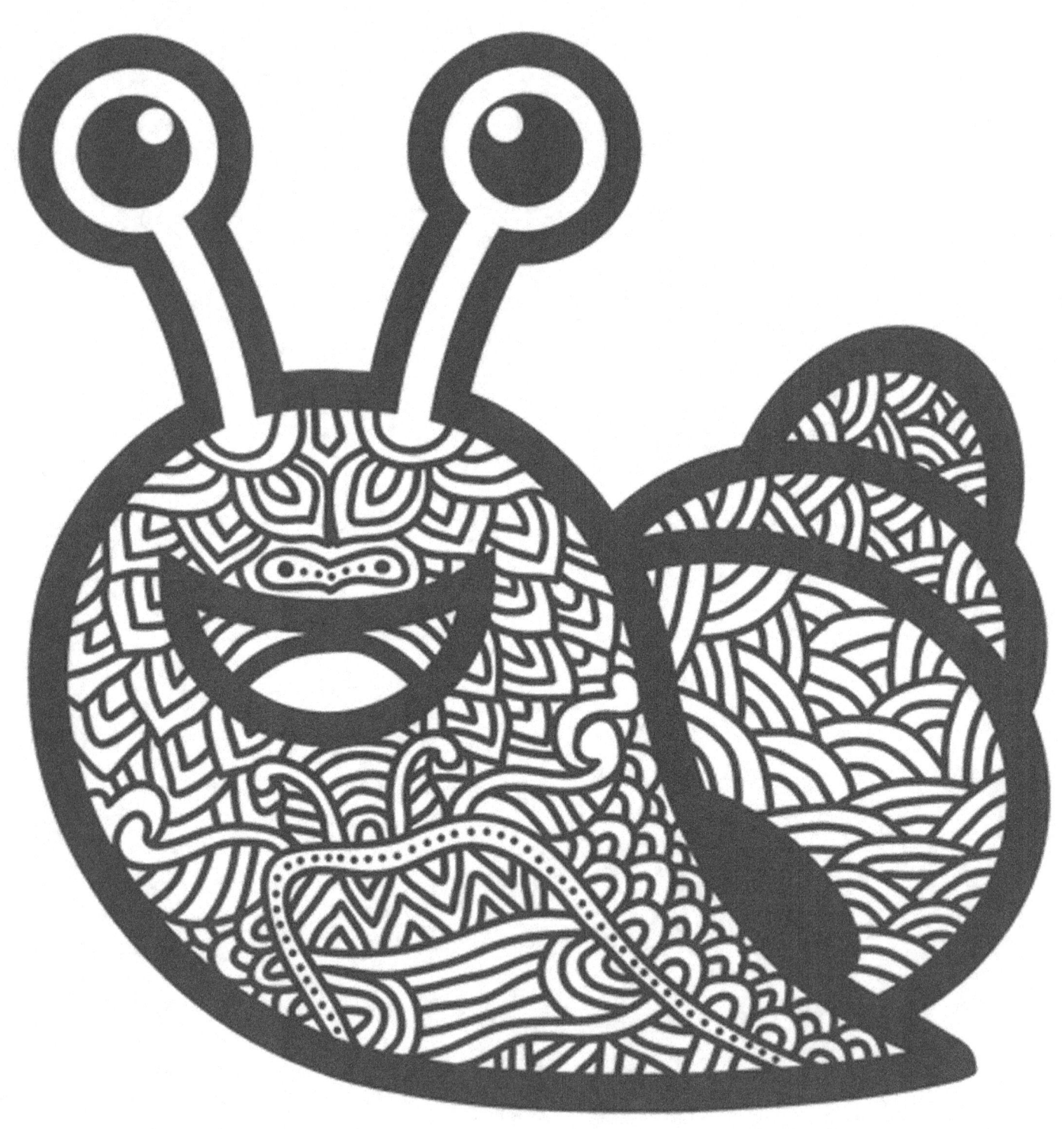

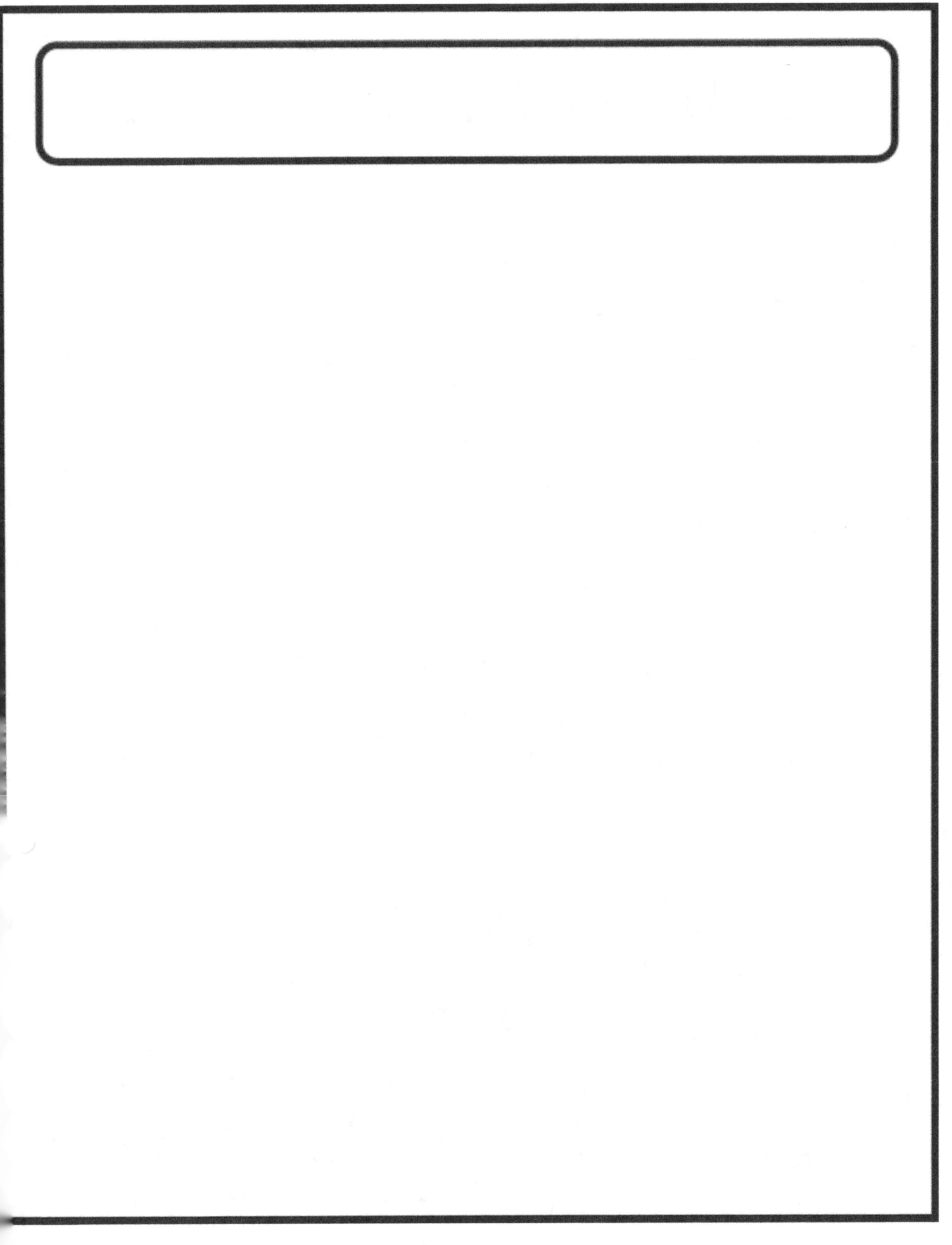

Colorez Cet Escargot

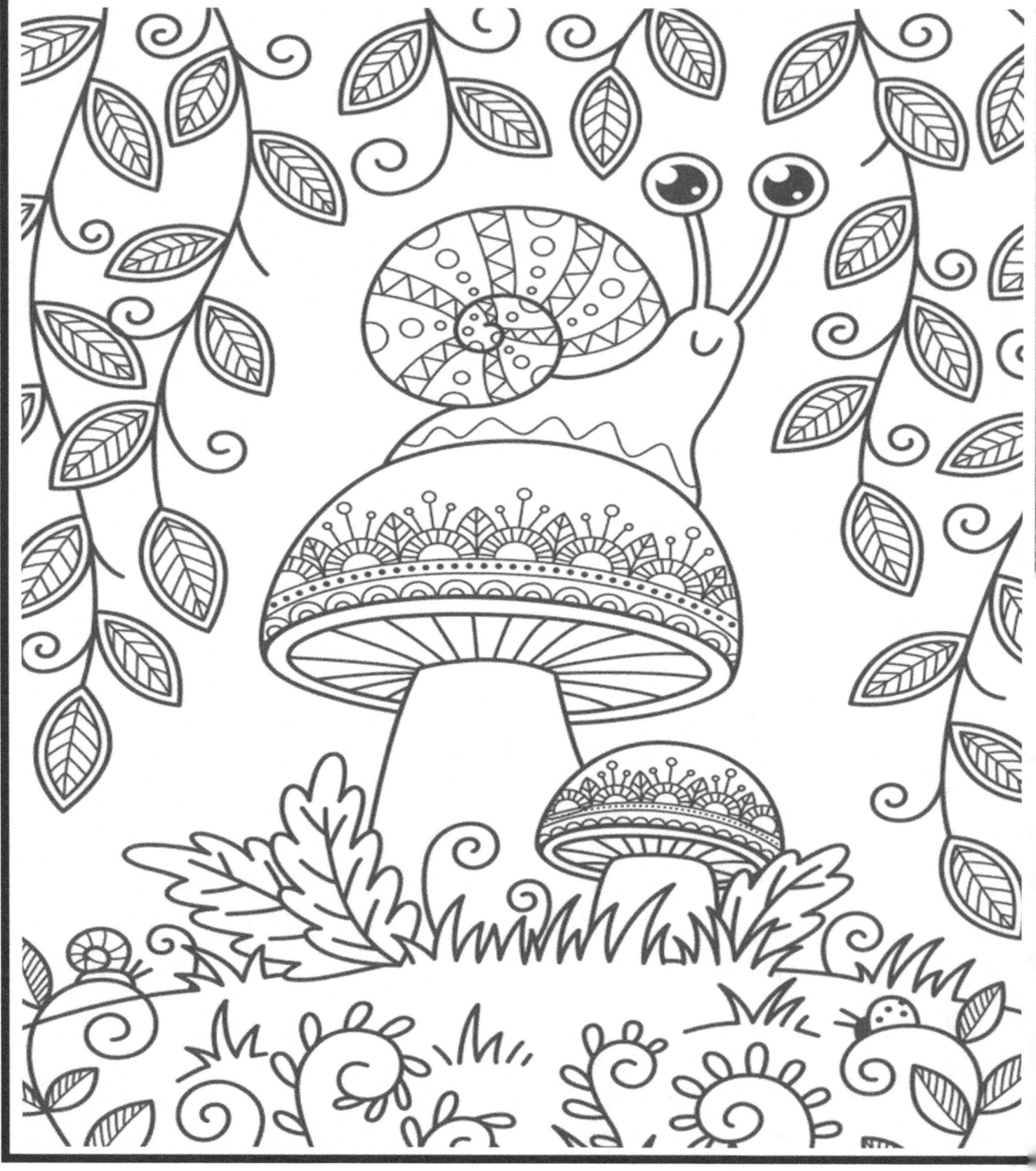

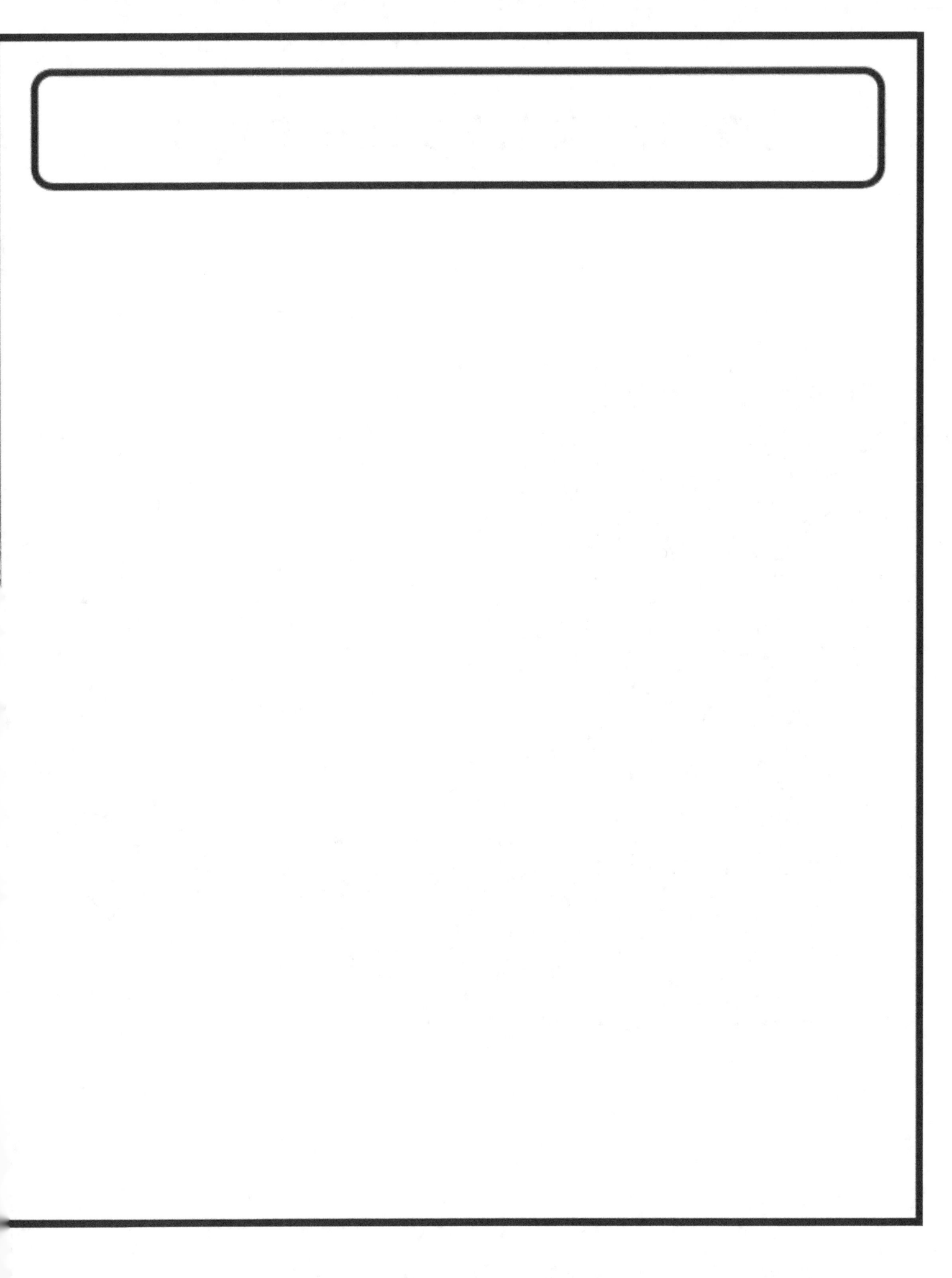

Colorez Cet Escargot

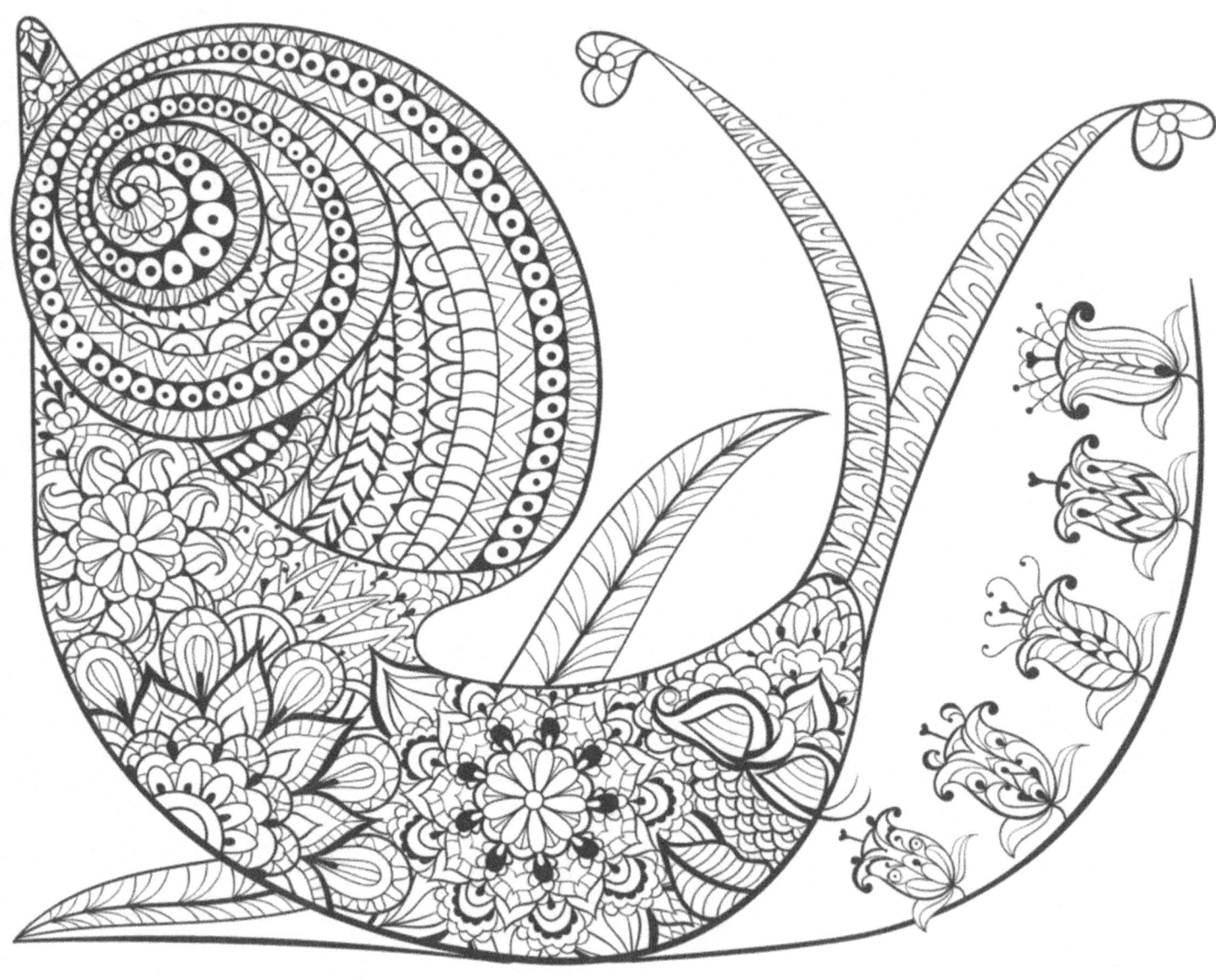

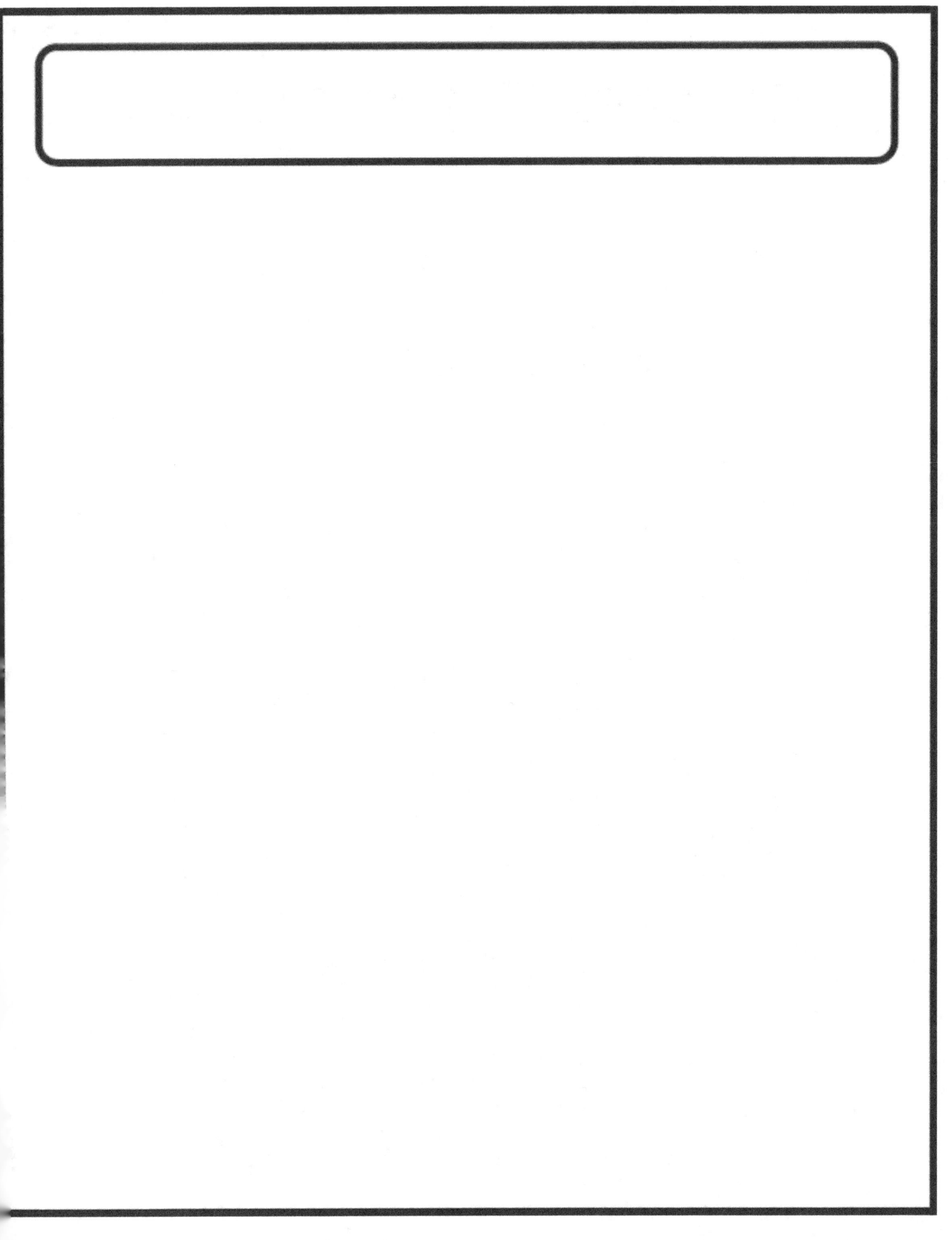

Colorez Cet Escargot

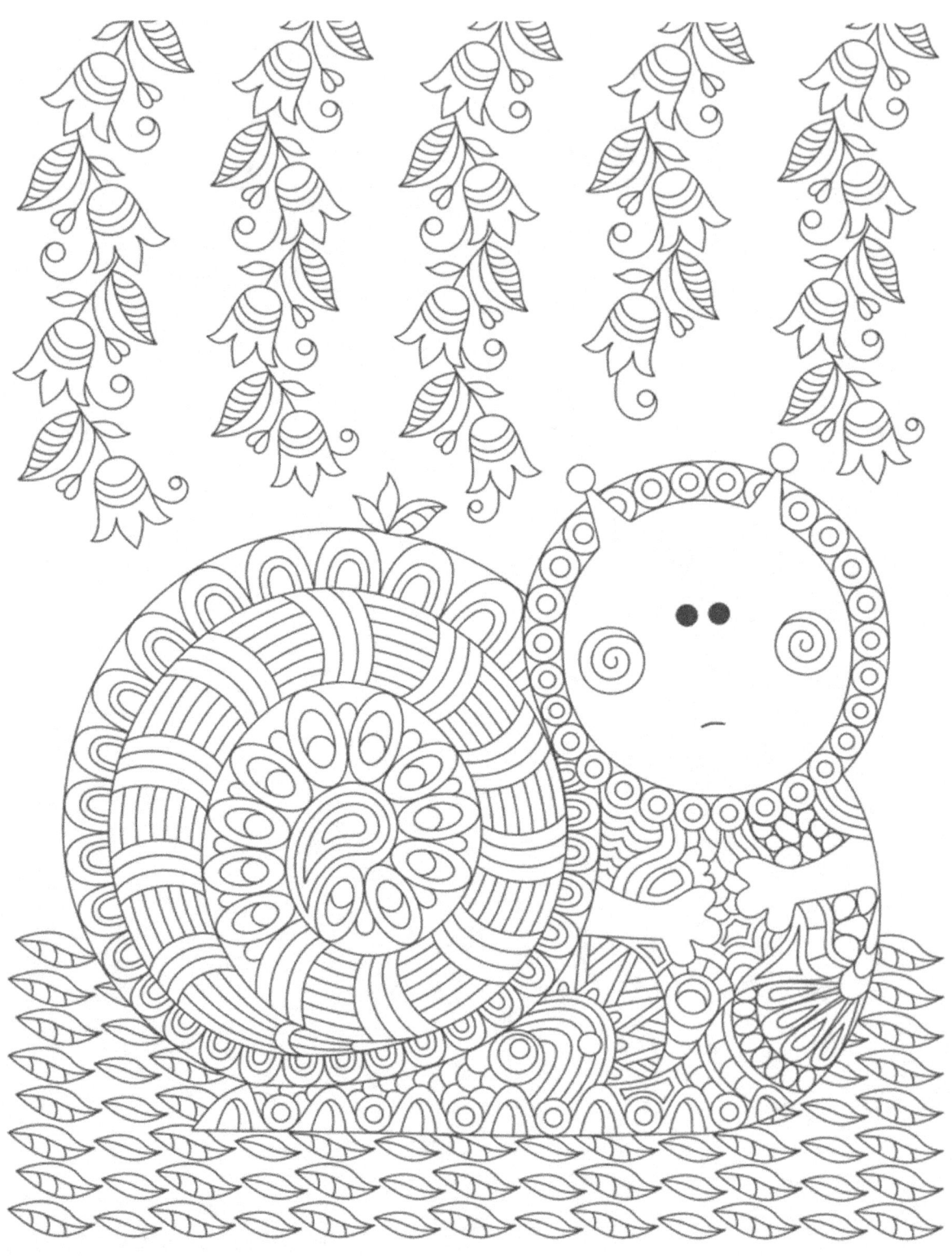

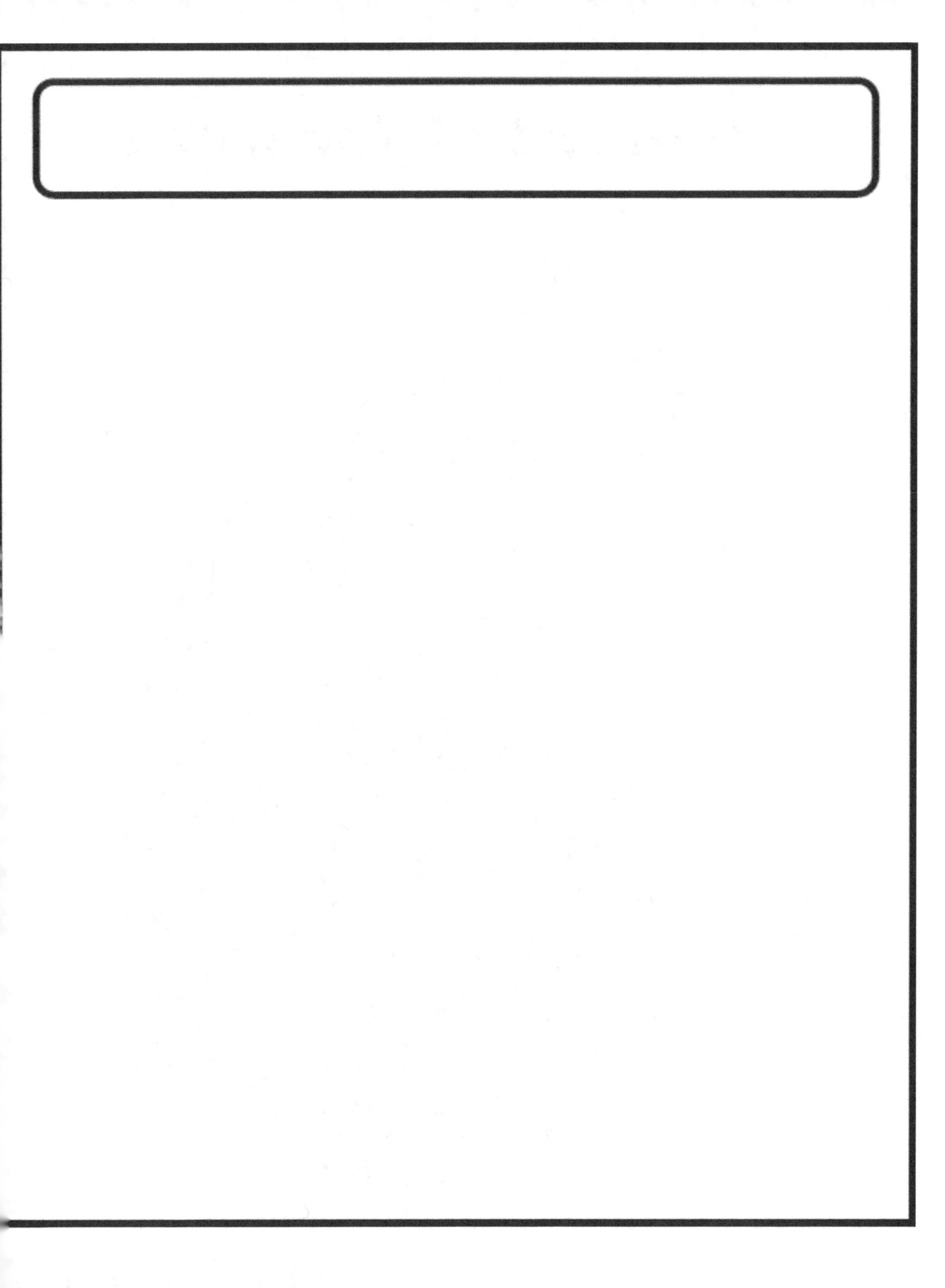

Colorez Cet Escargot

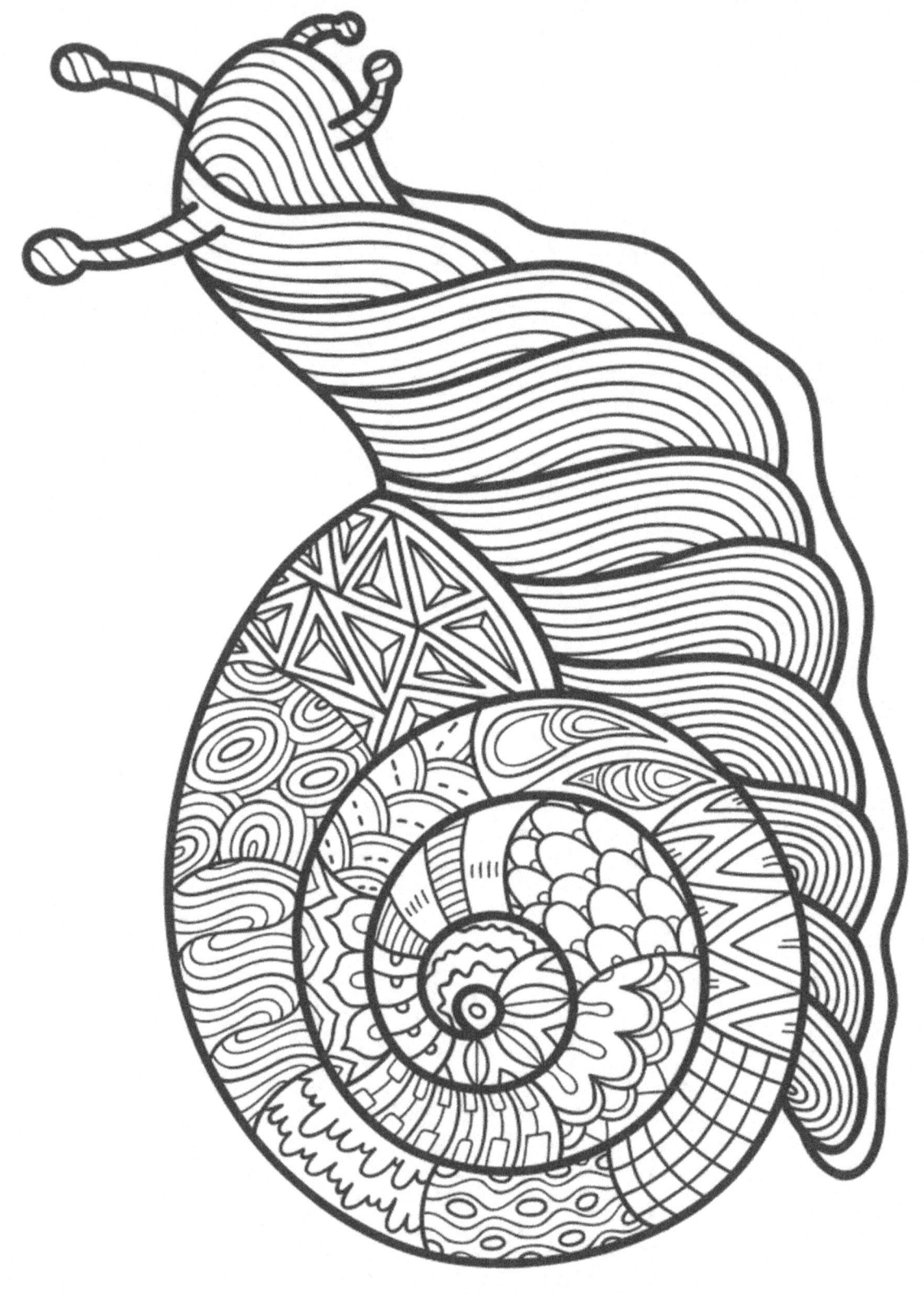

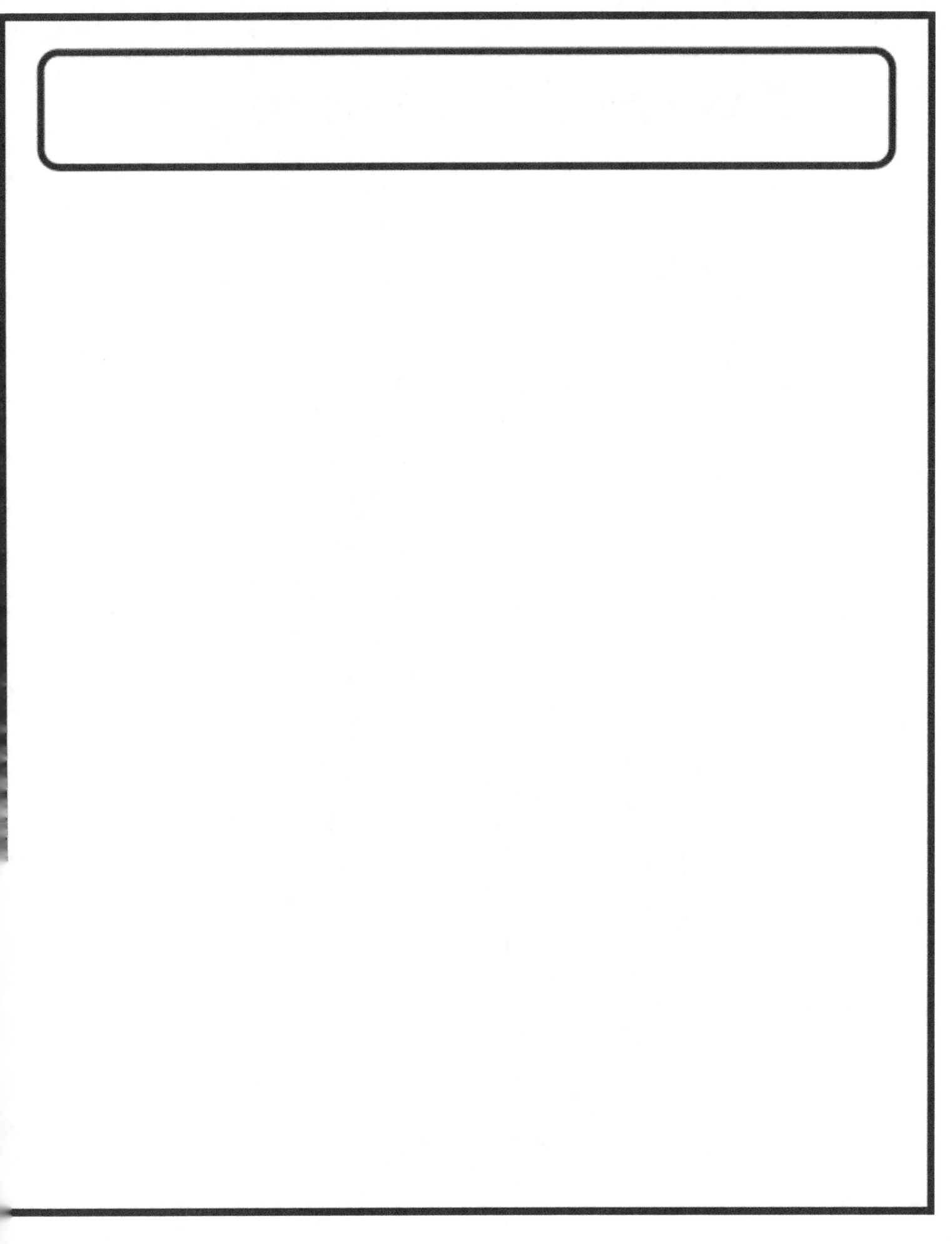

Colorez Cet Escargot

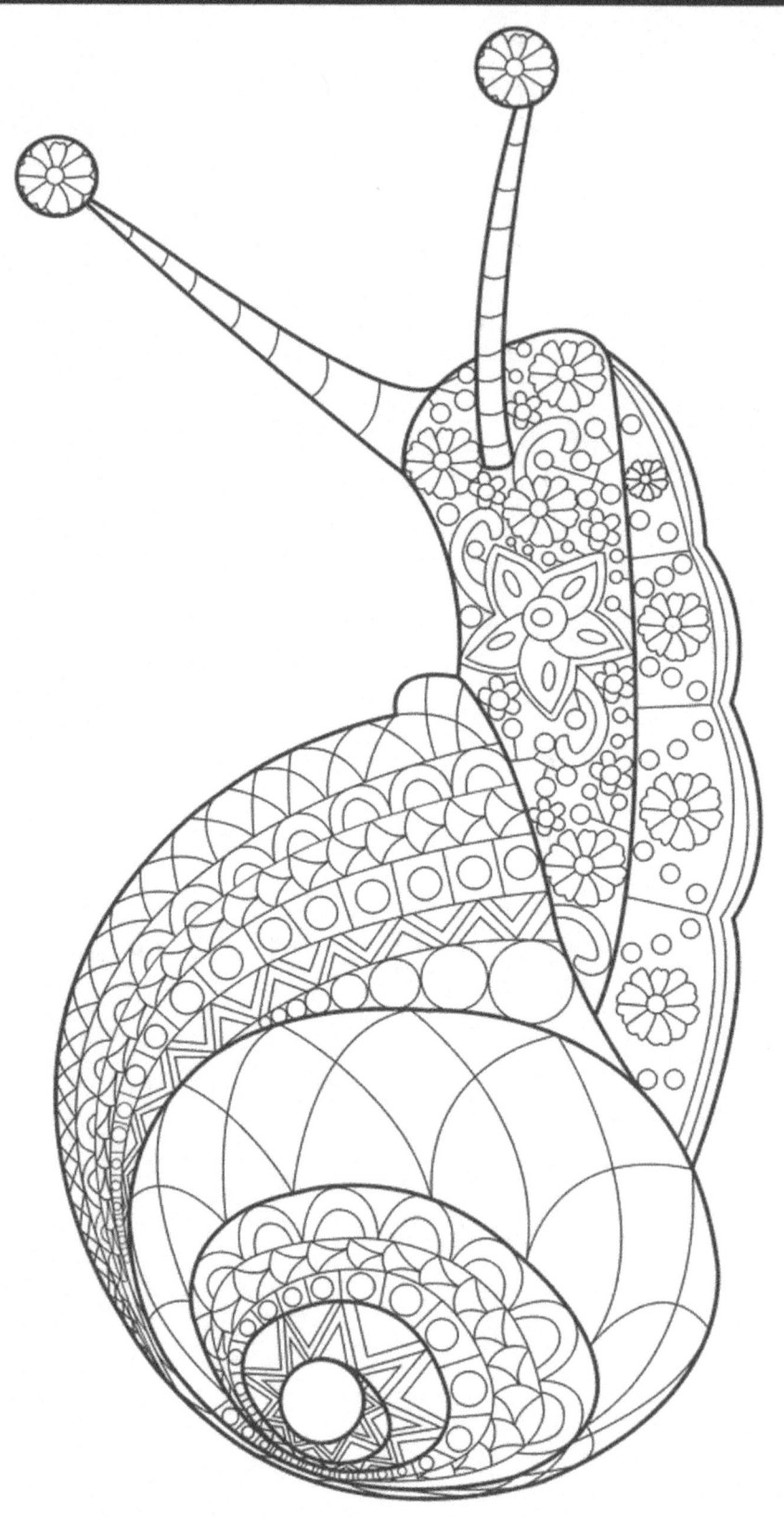

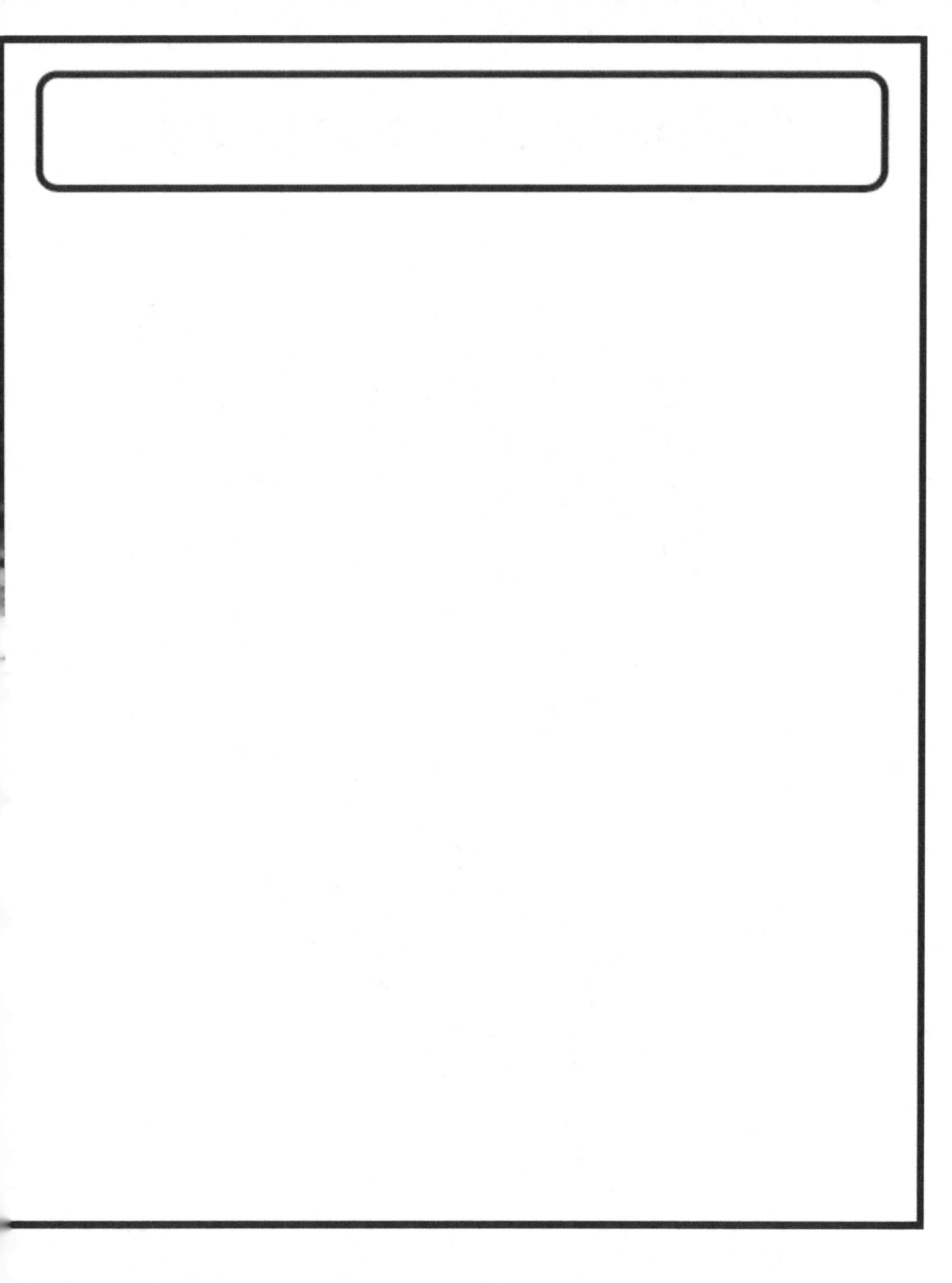

Colorez Cet Escargot

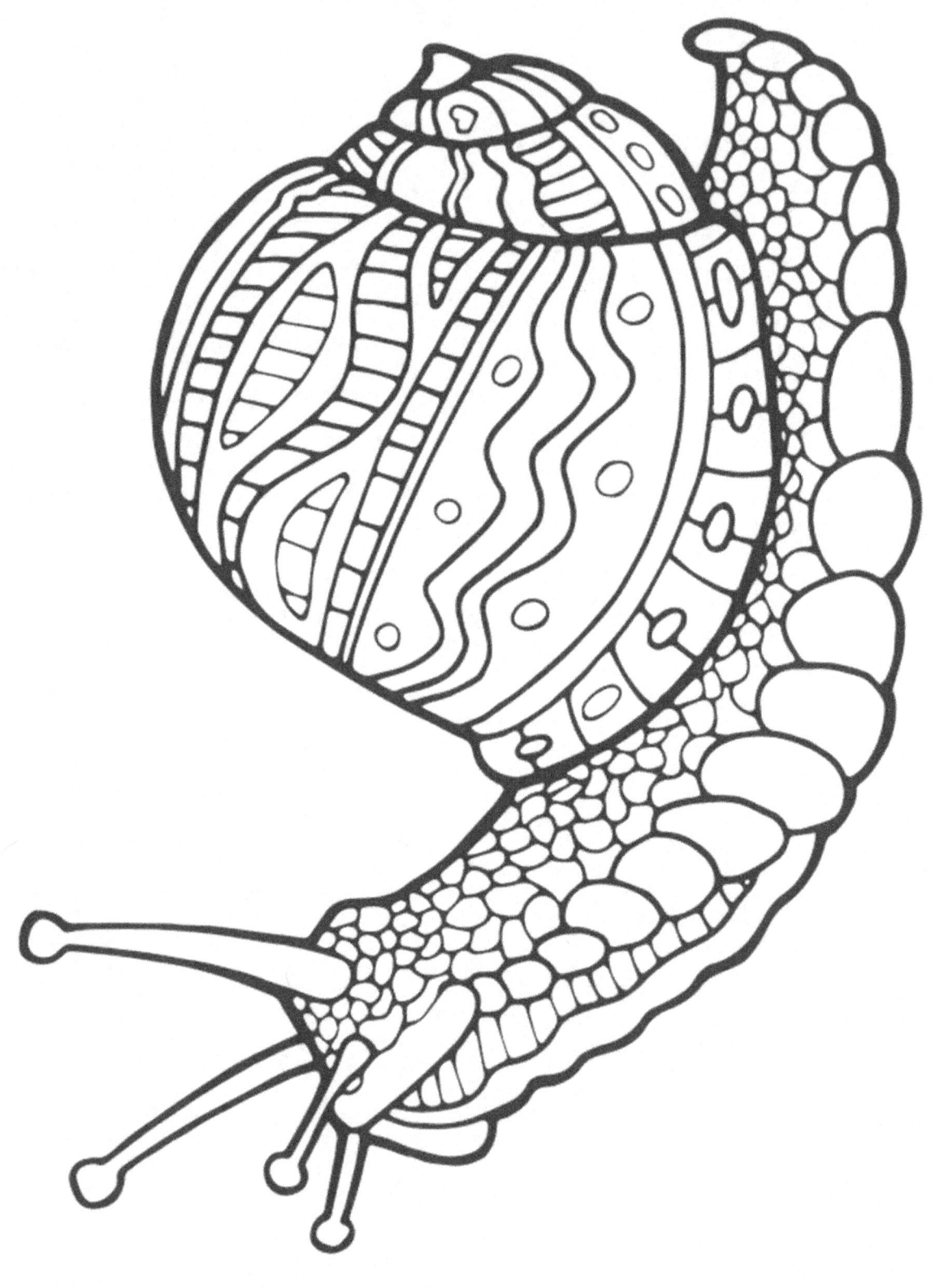

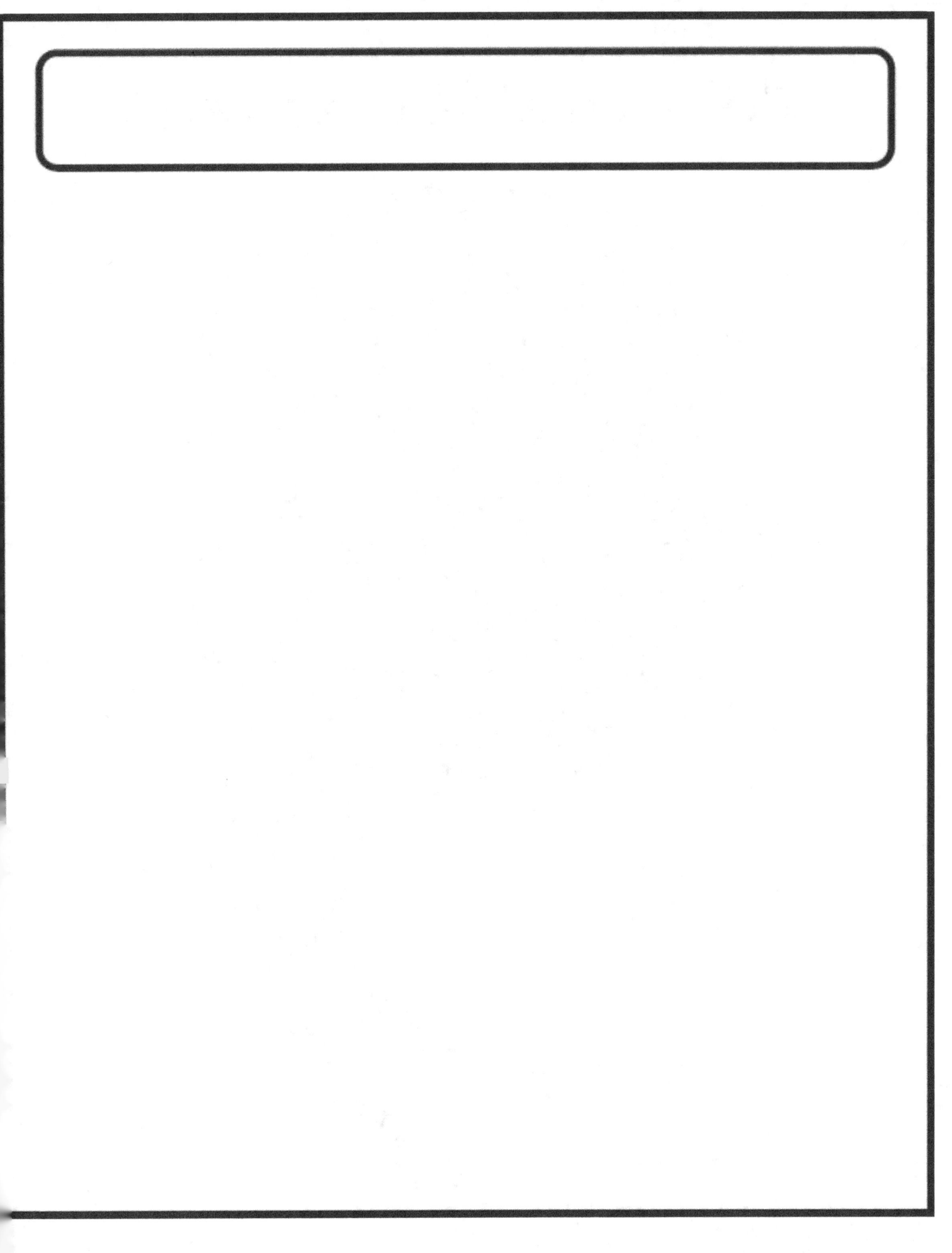

Colorez Cet Escargot

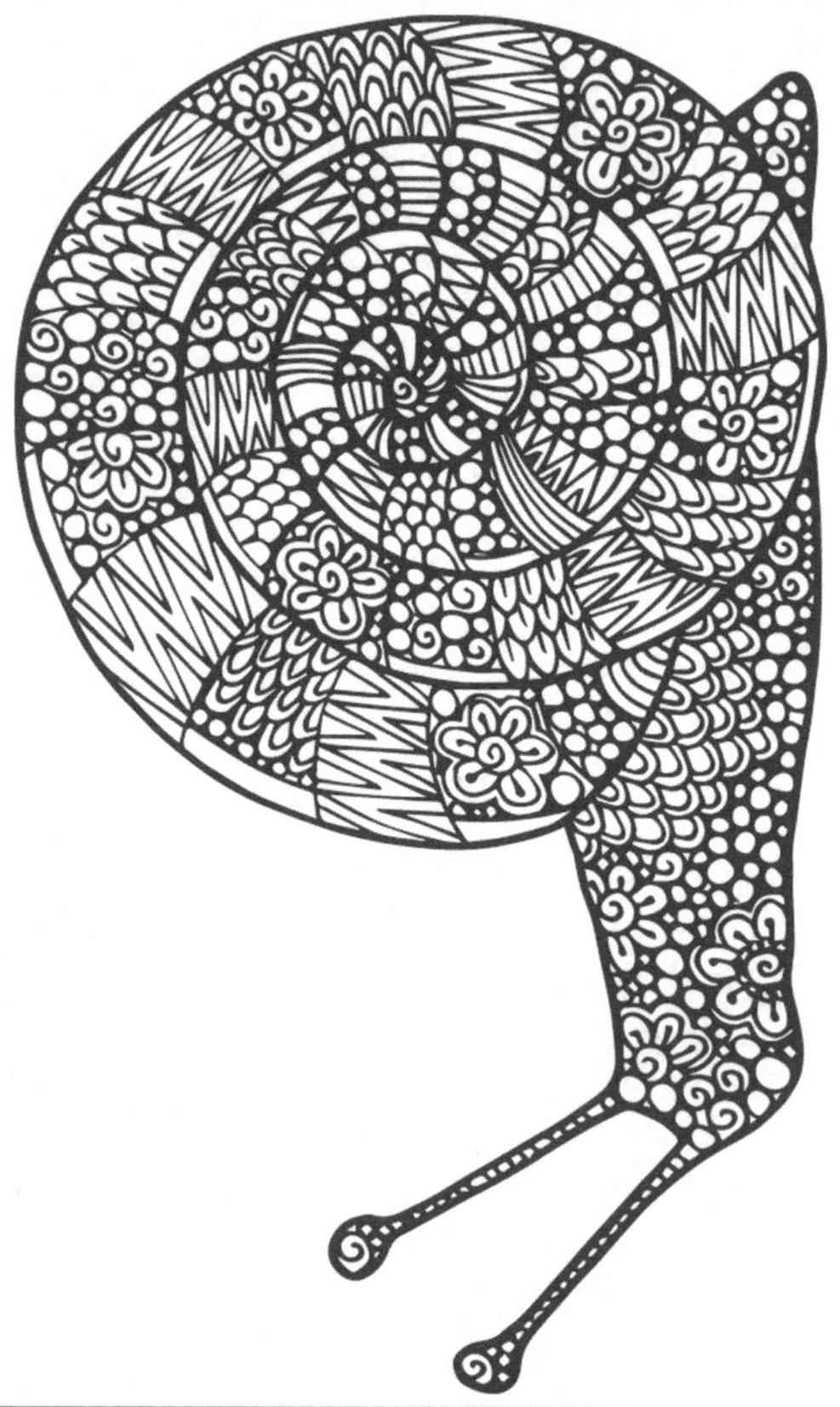

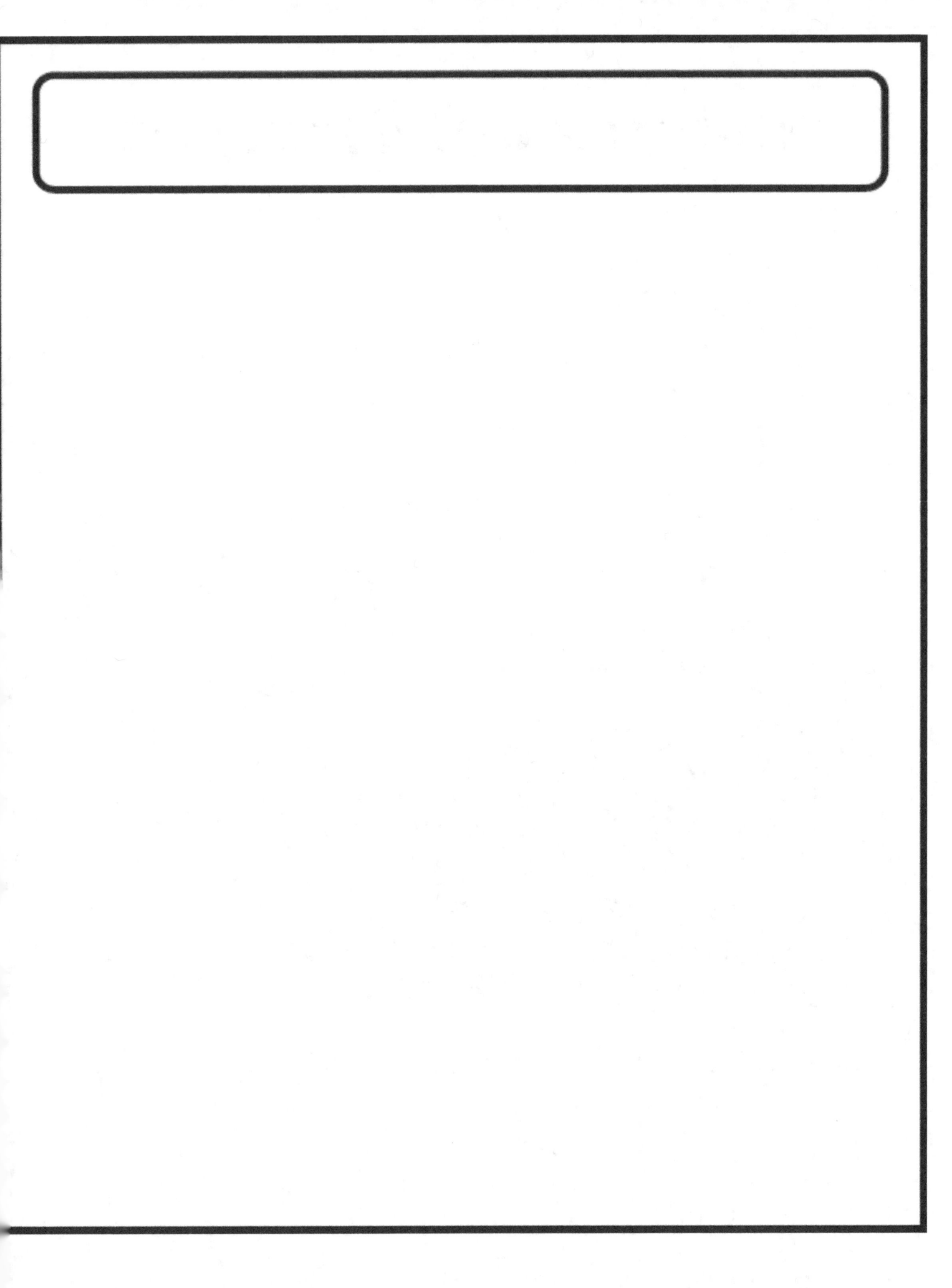

Colorez Cet Escargot

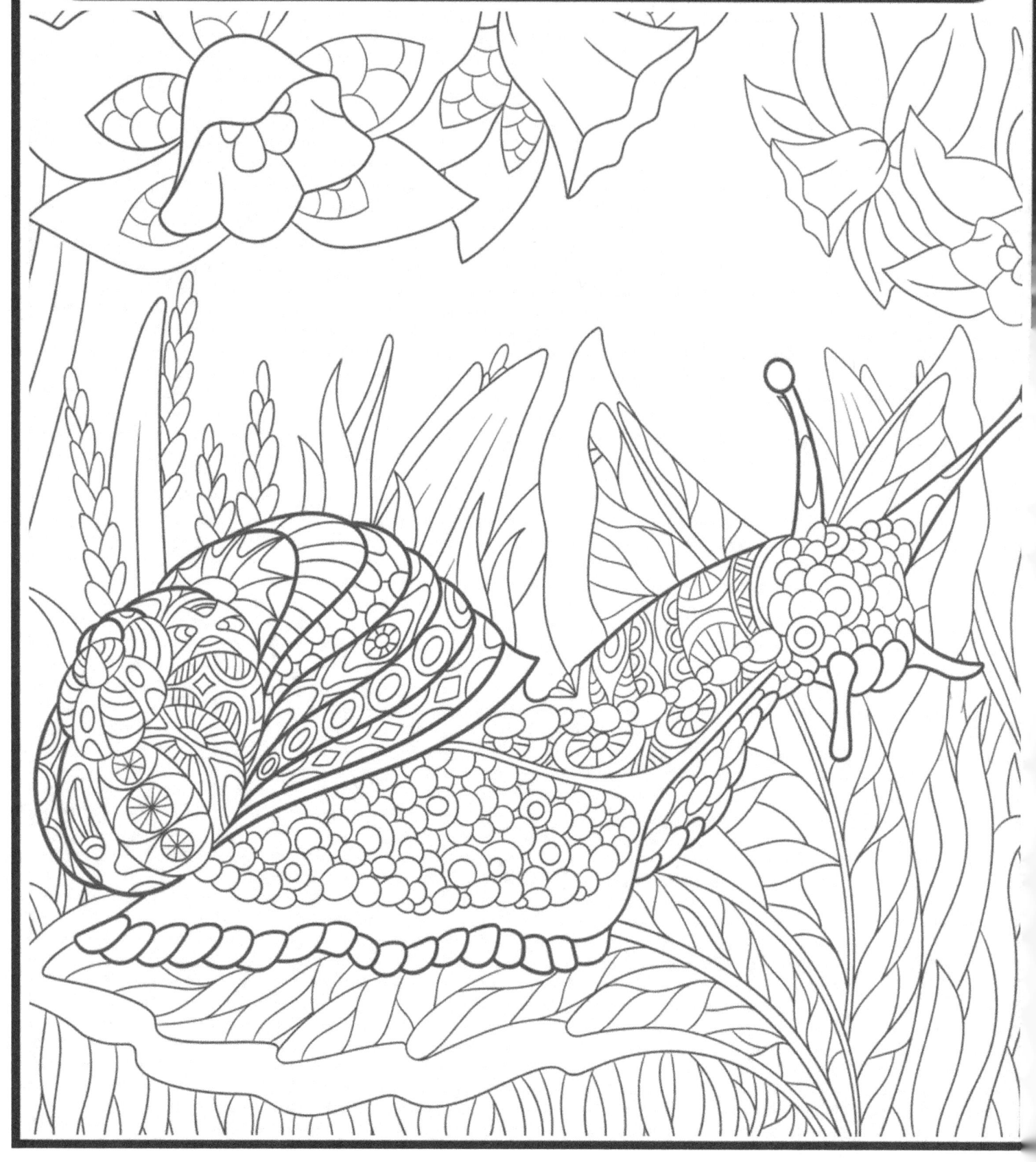

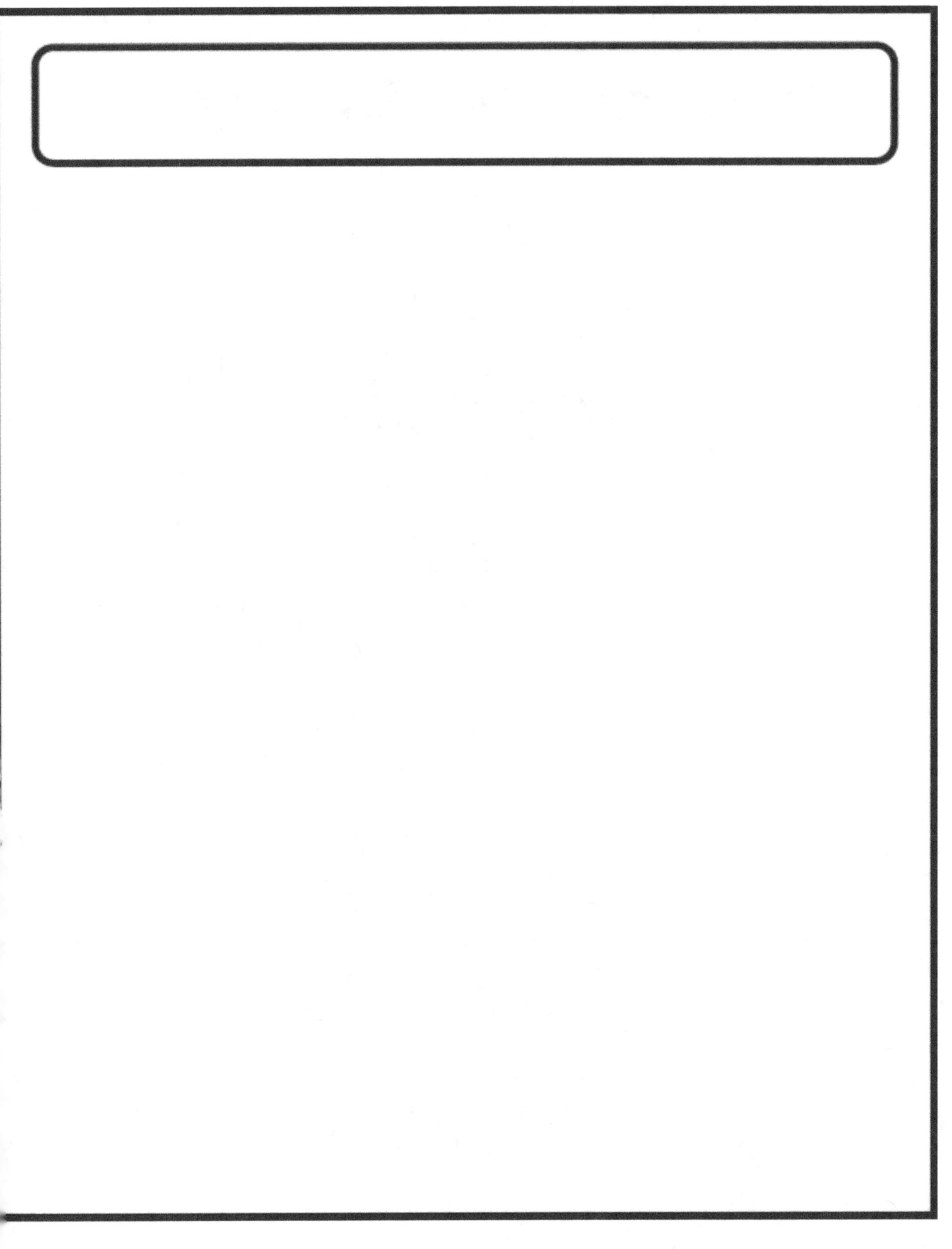

Colorez Cet Escargot

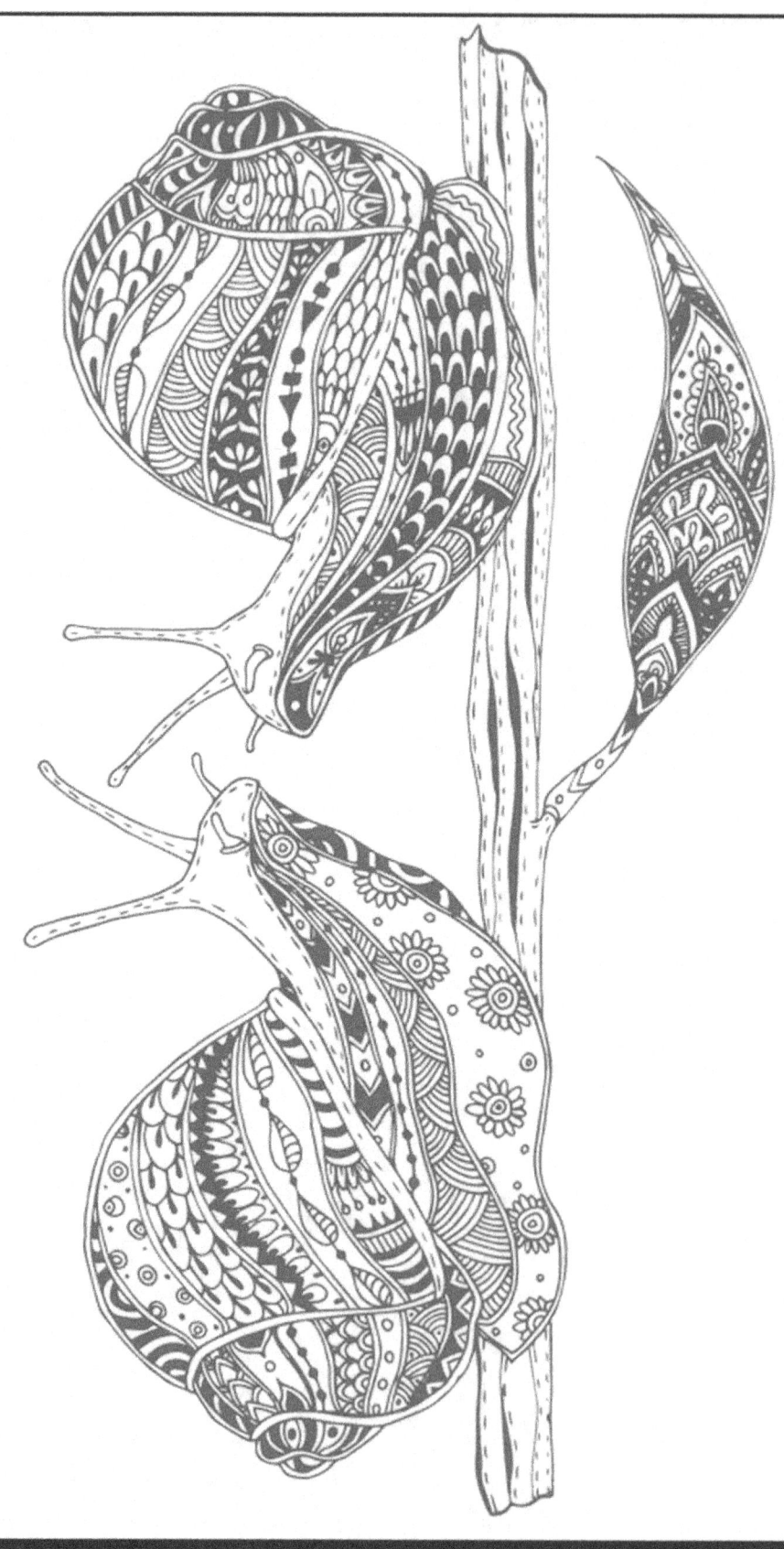

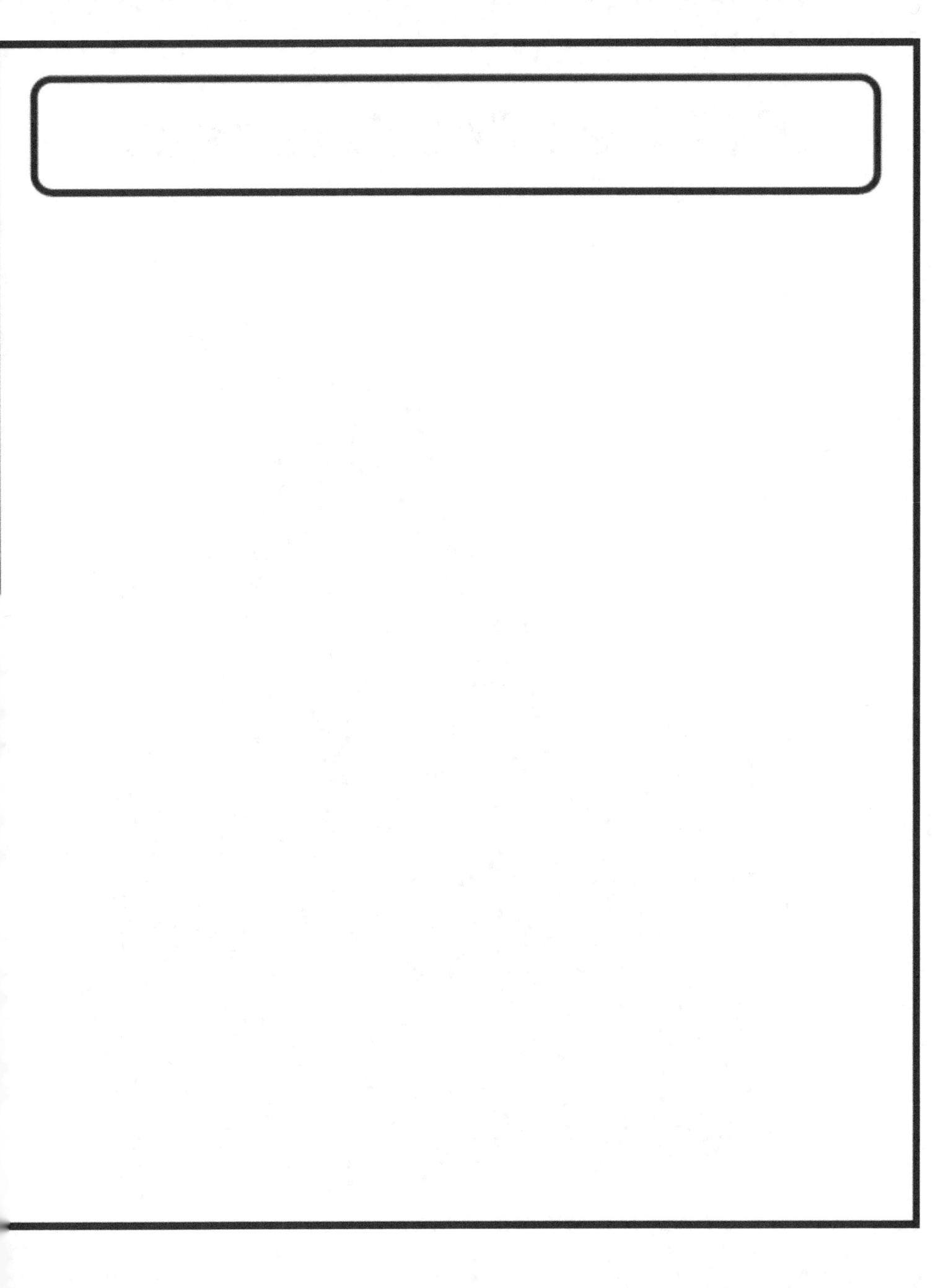

Colorez Cet Escargot

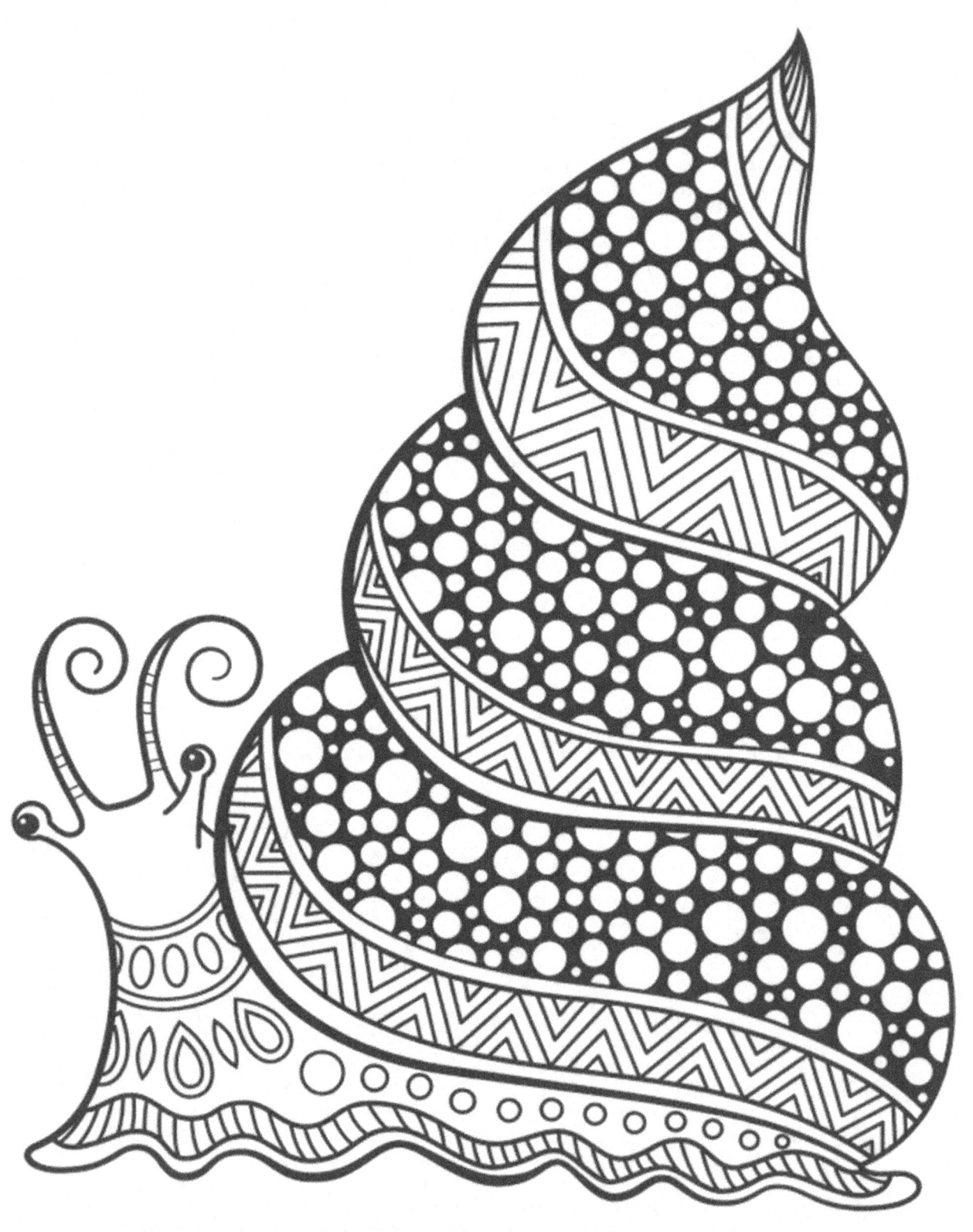

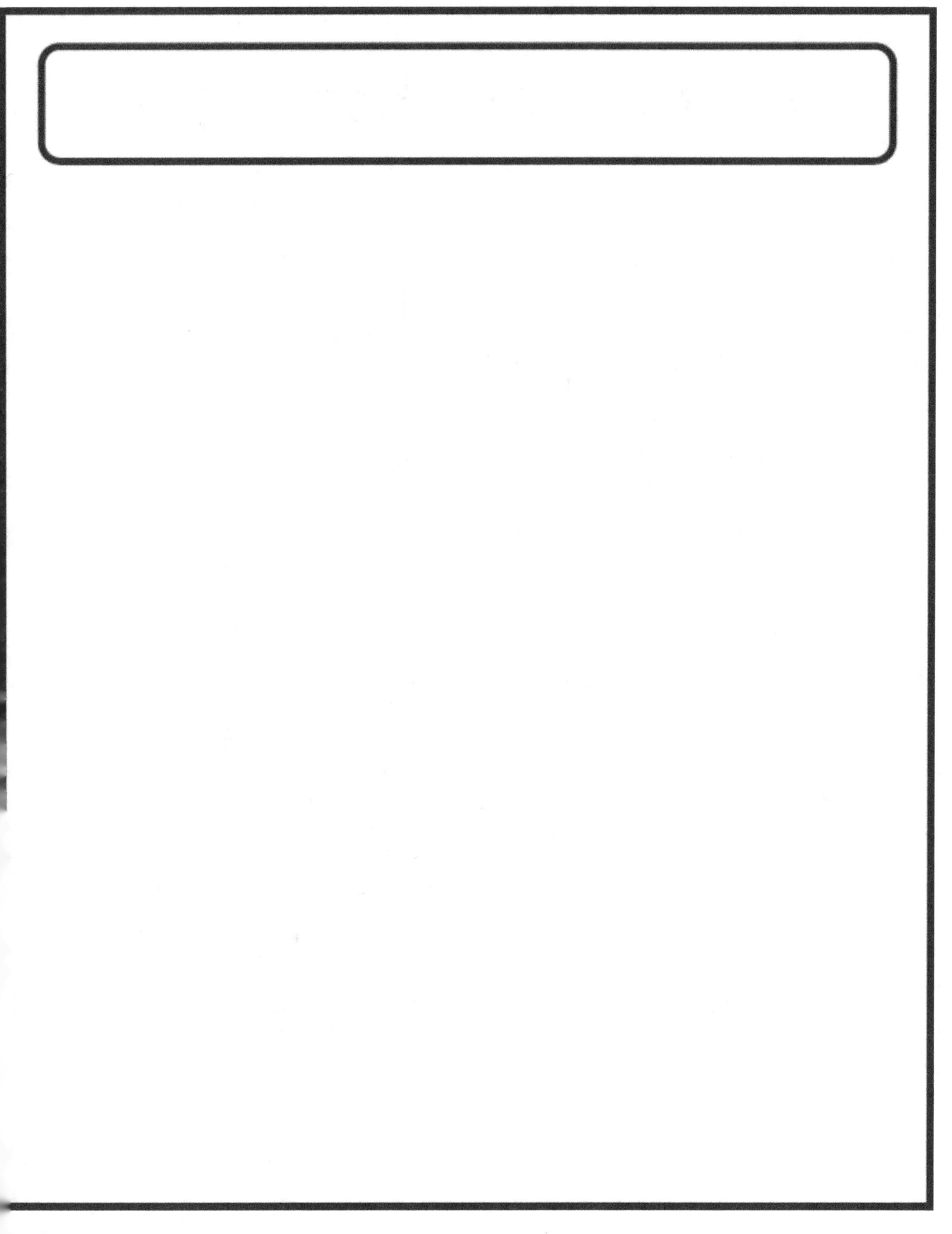

Colorez Cet Escargot

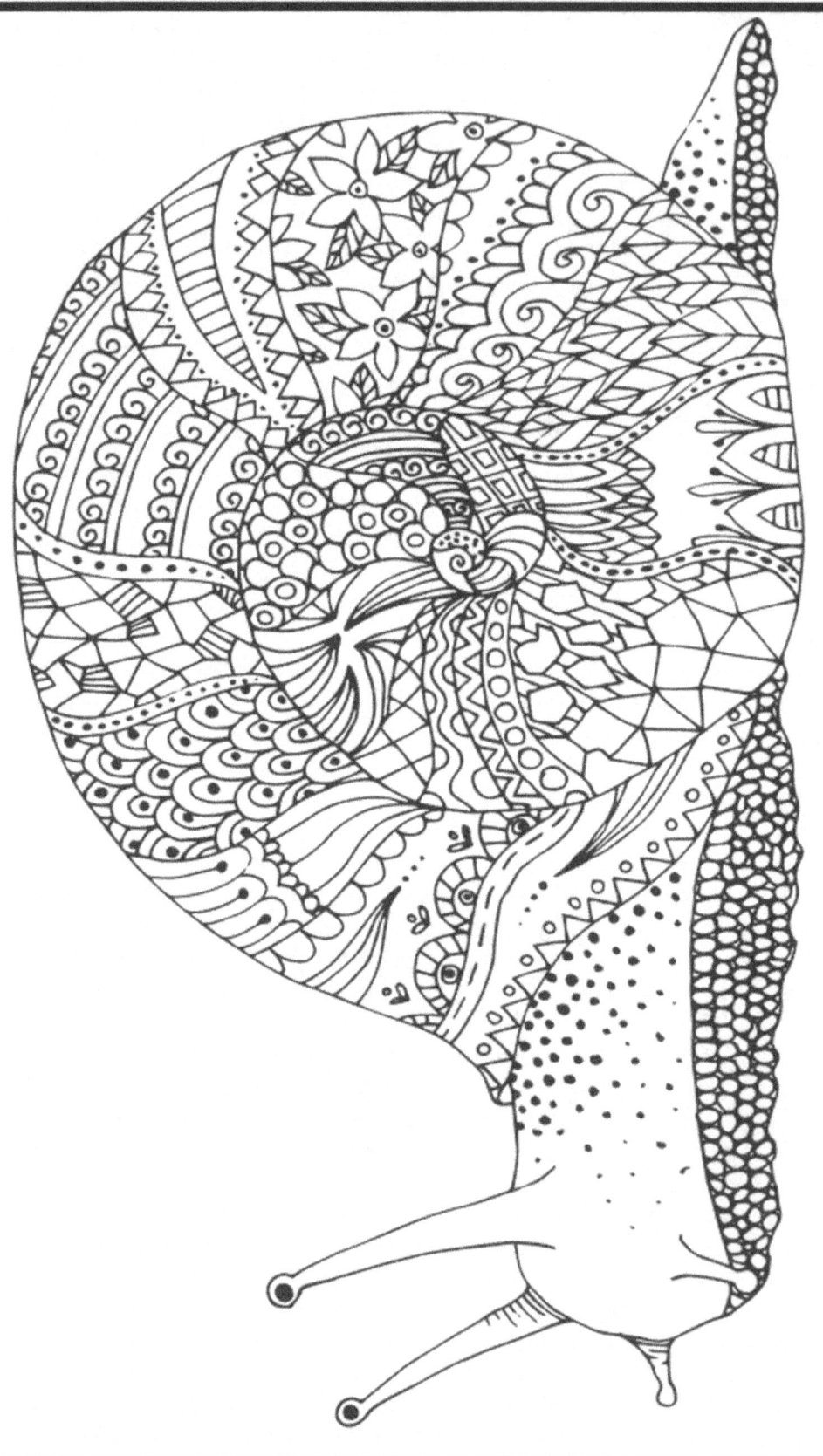

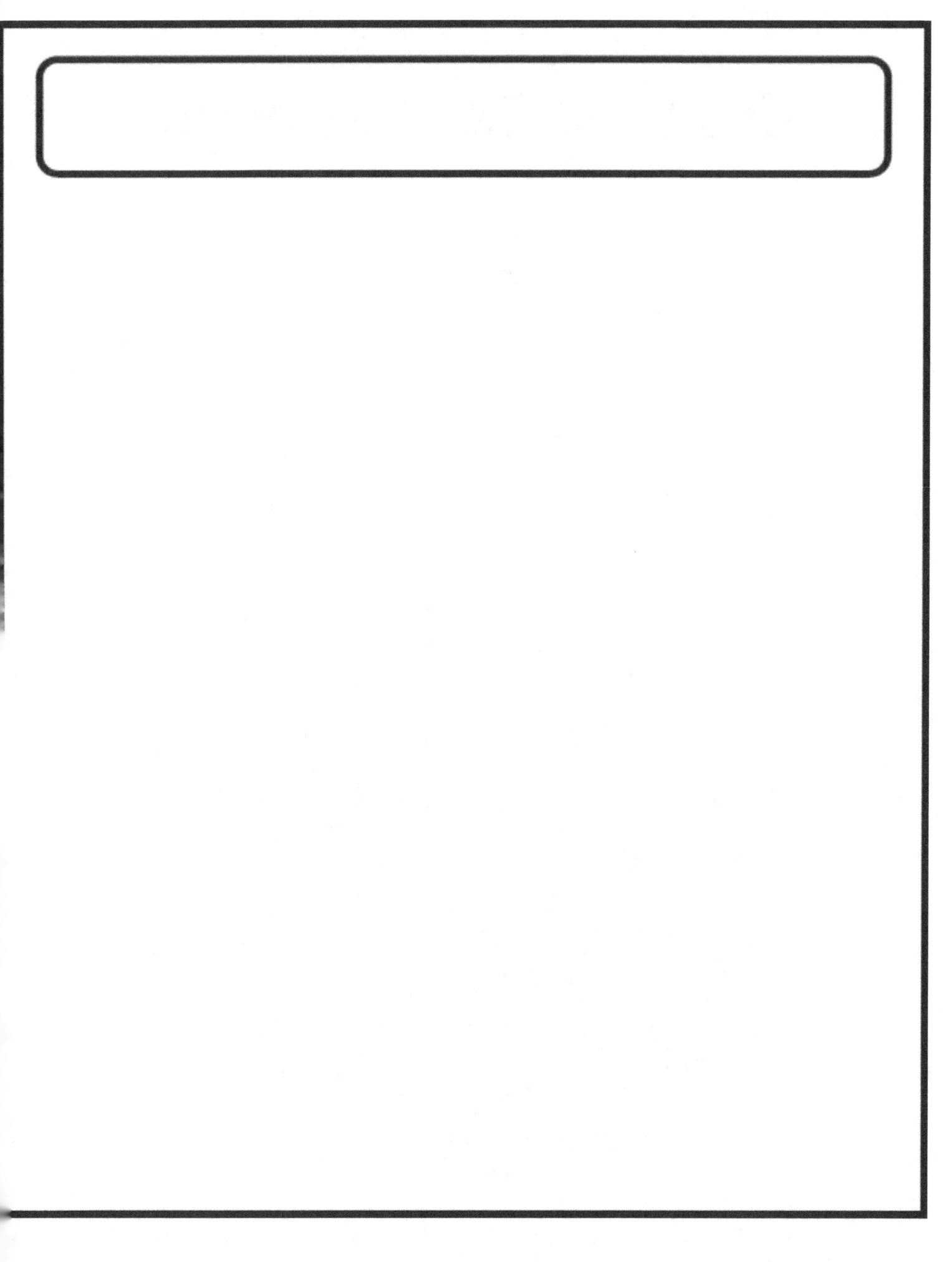

Colorez Cet Escargot

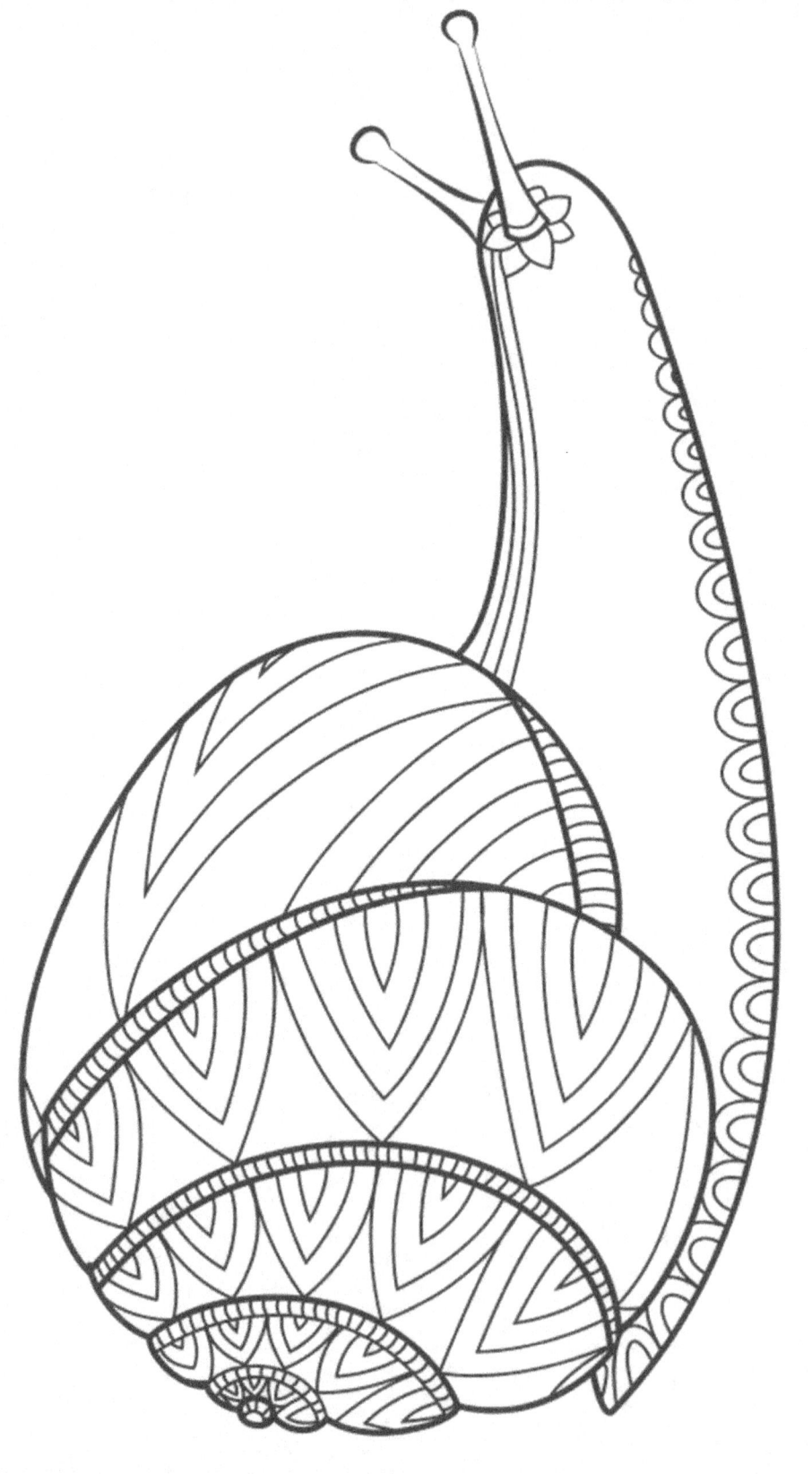

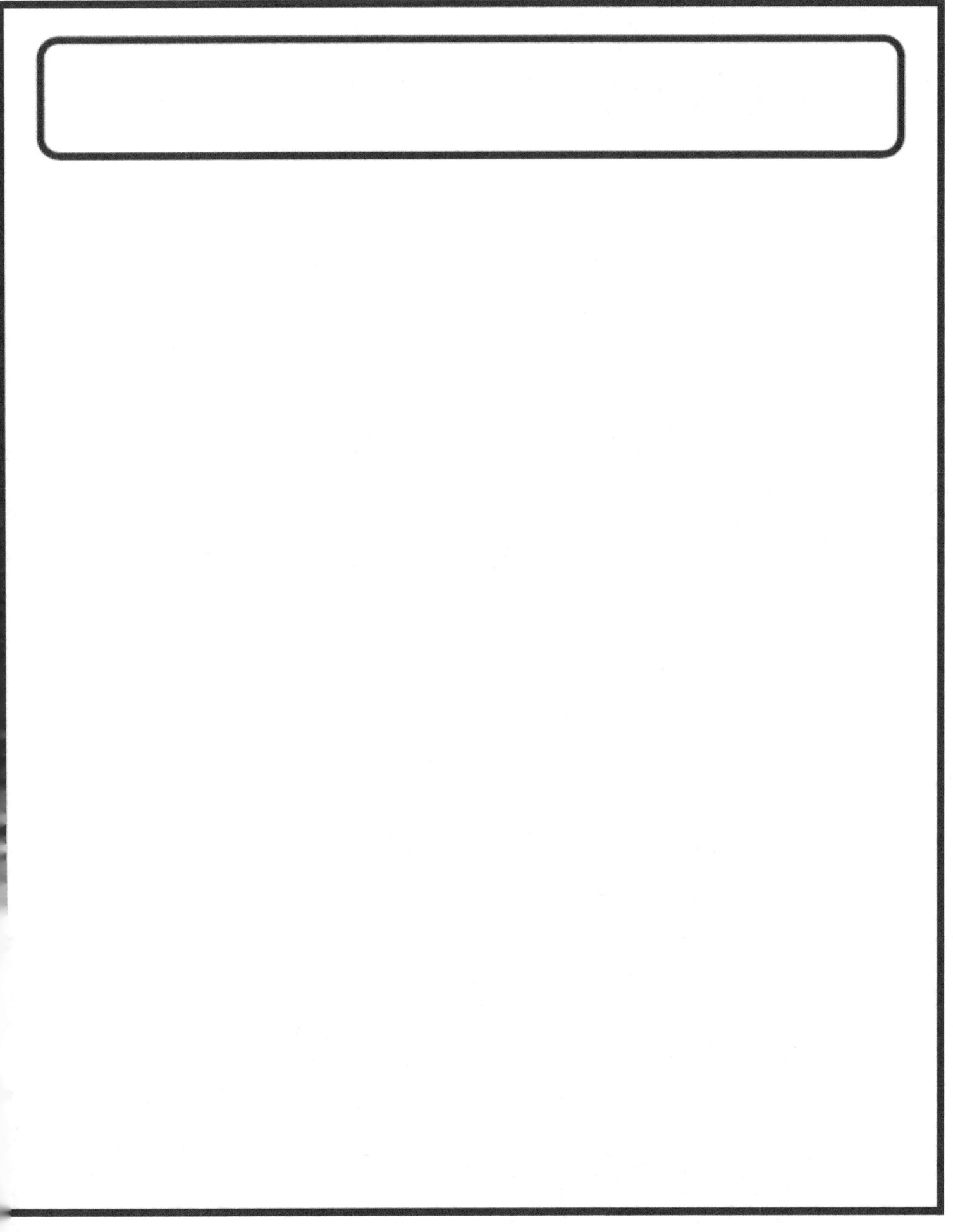

Colorez Cet Escargot

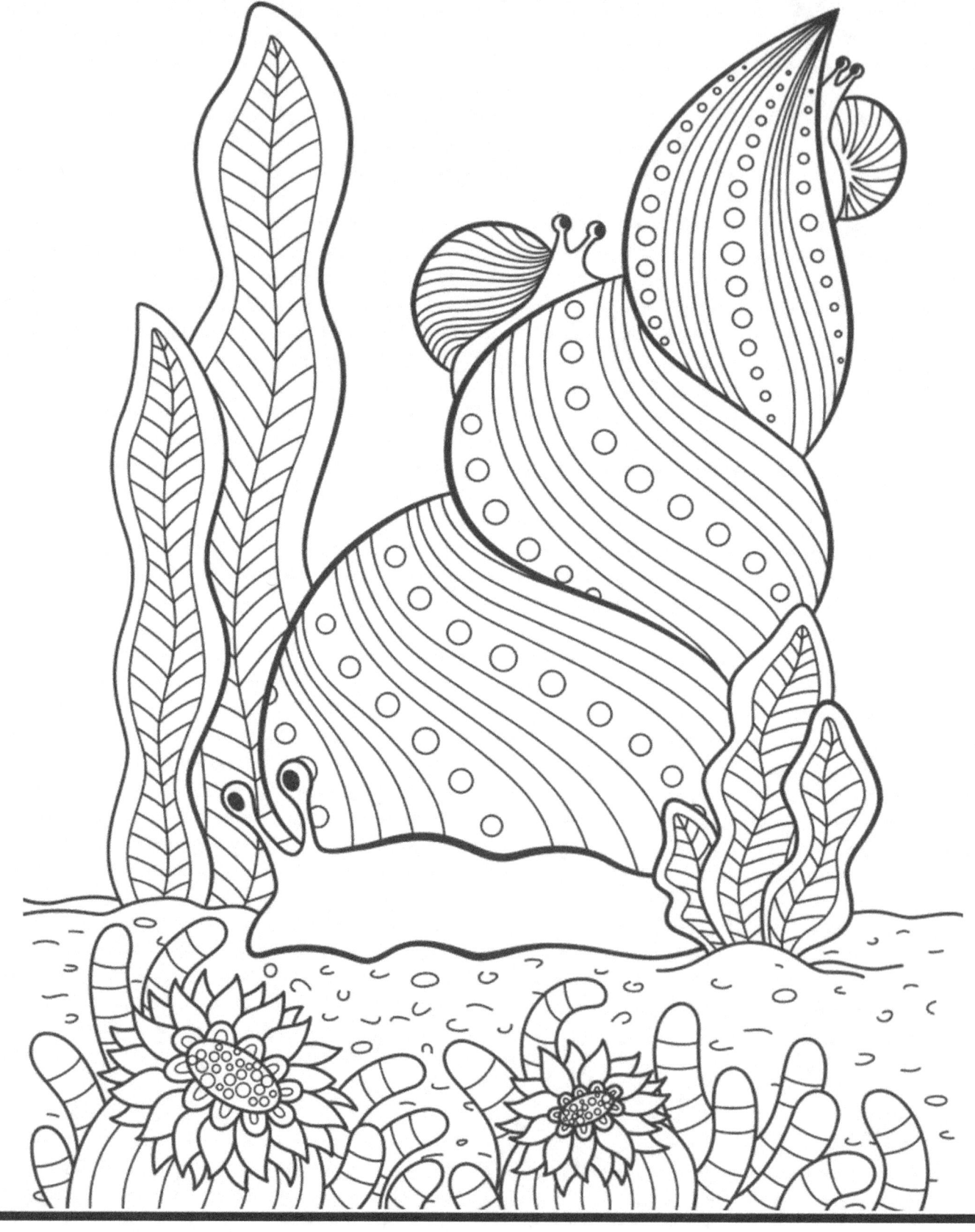

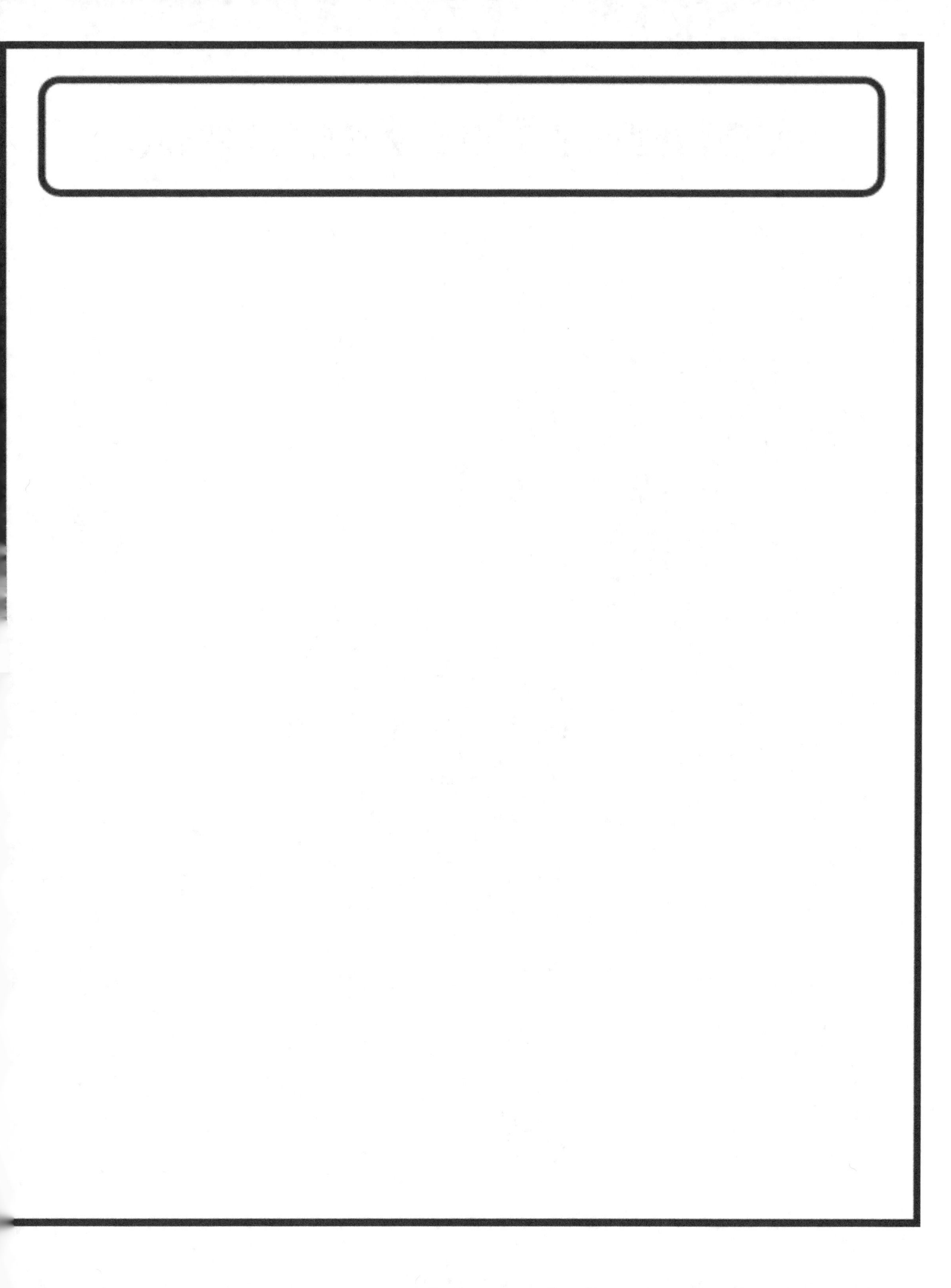

Colorez Cet Escargot

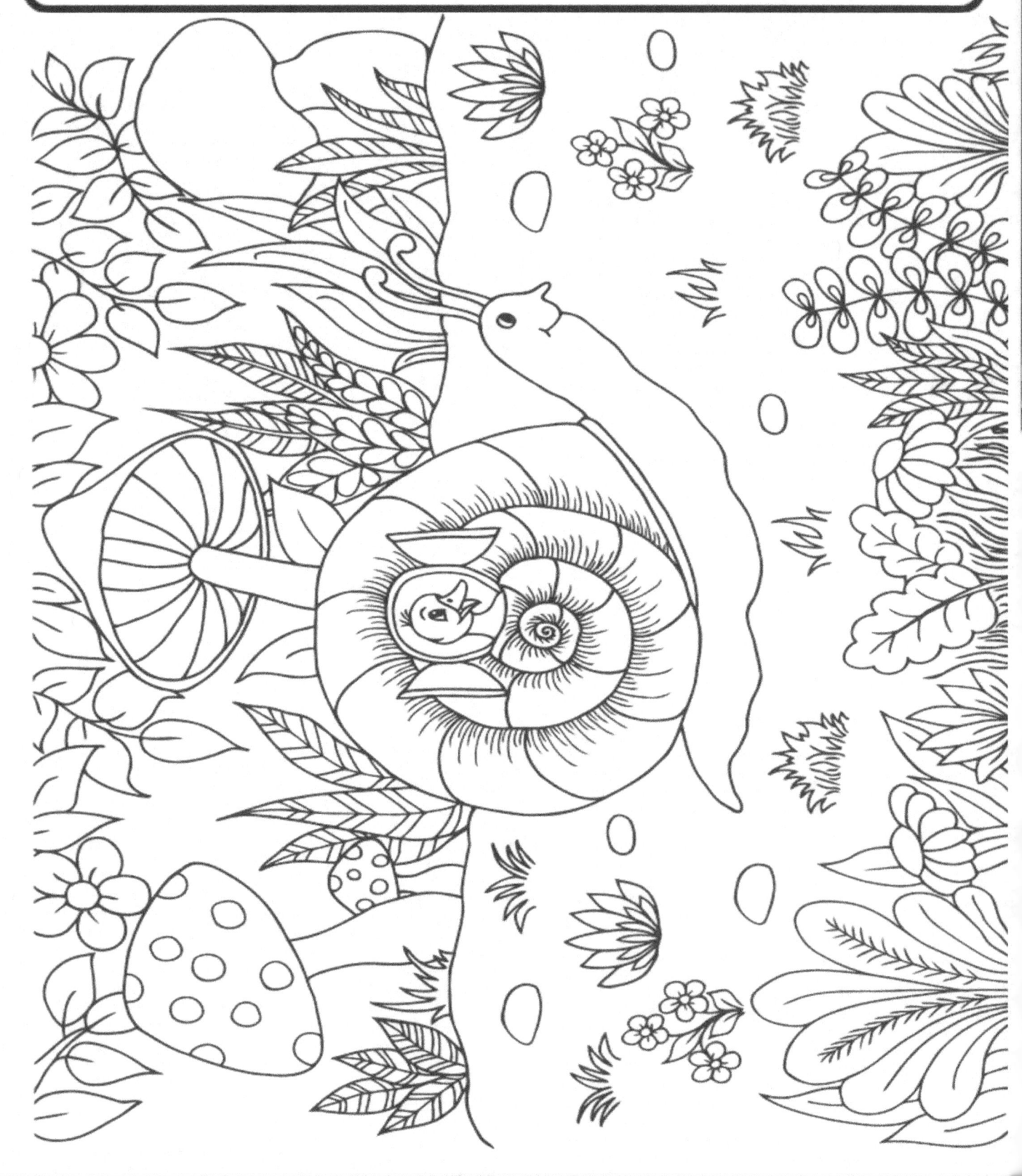

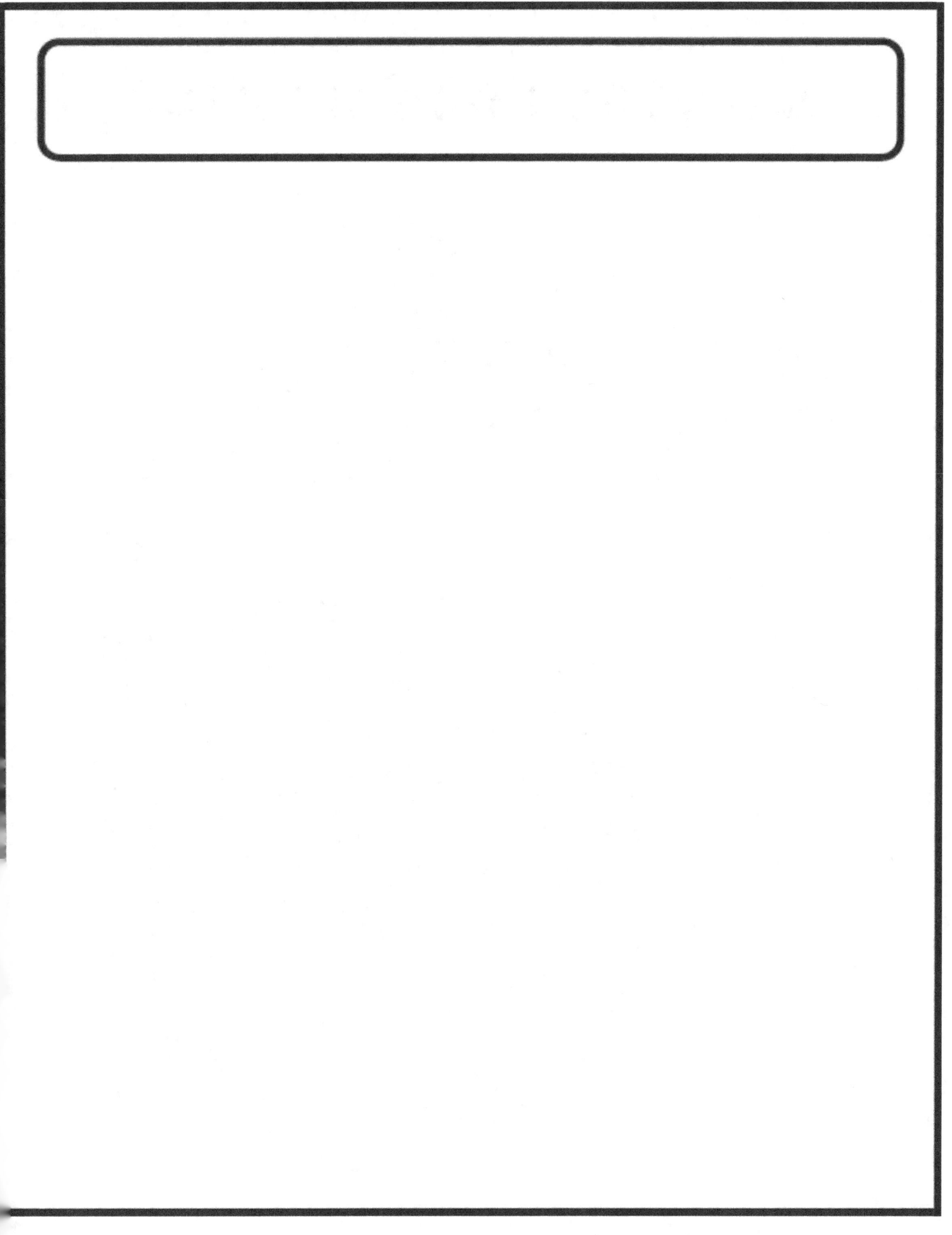

Colorez Cet Escargot

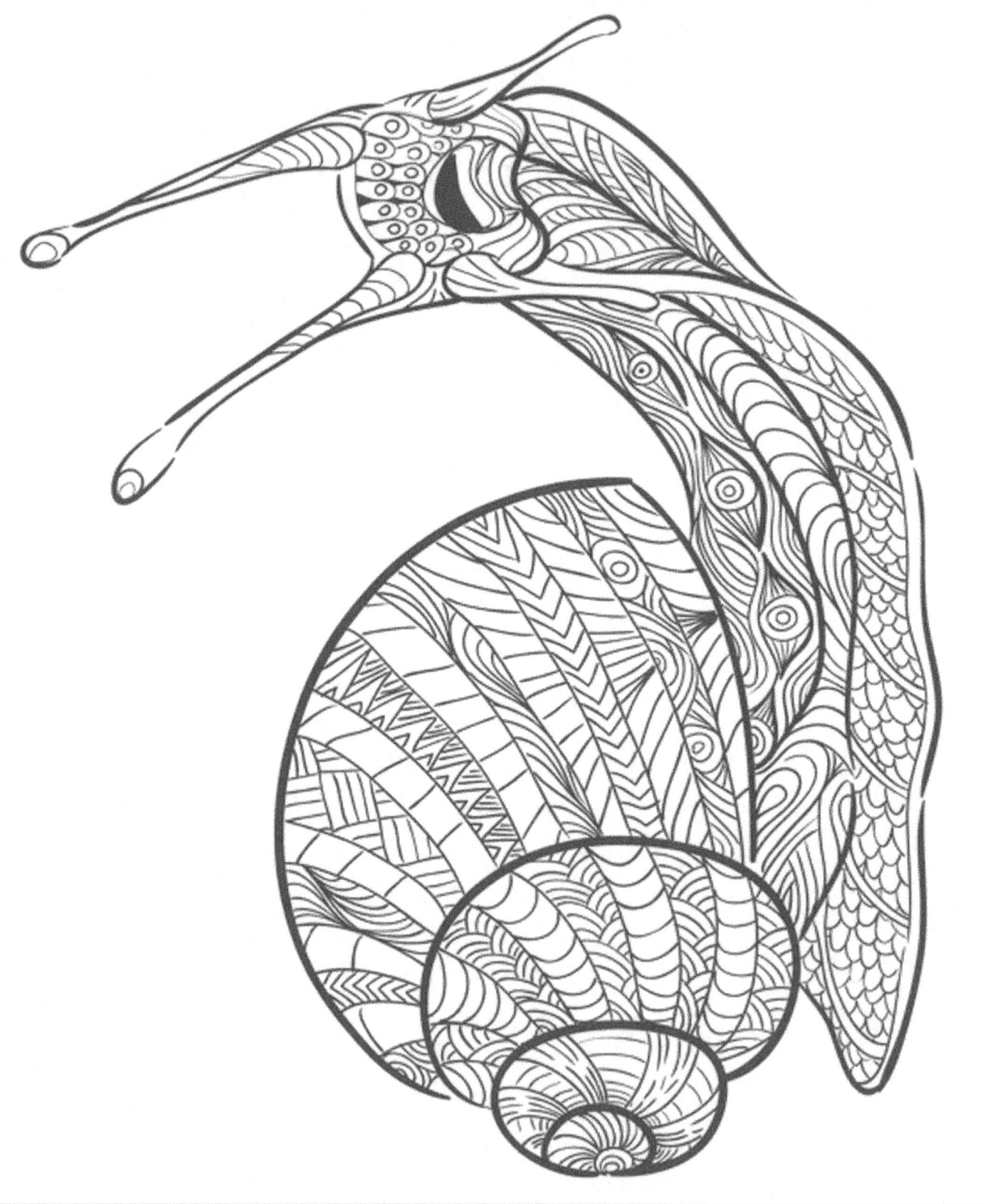

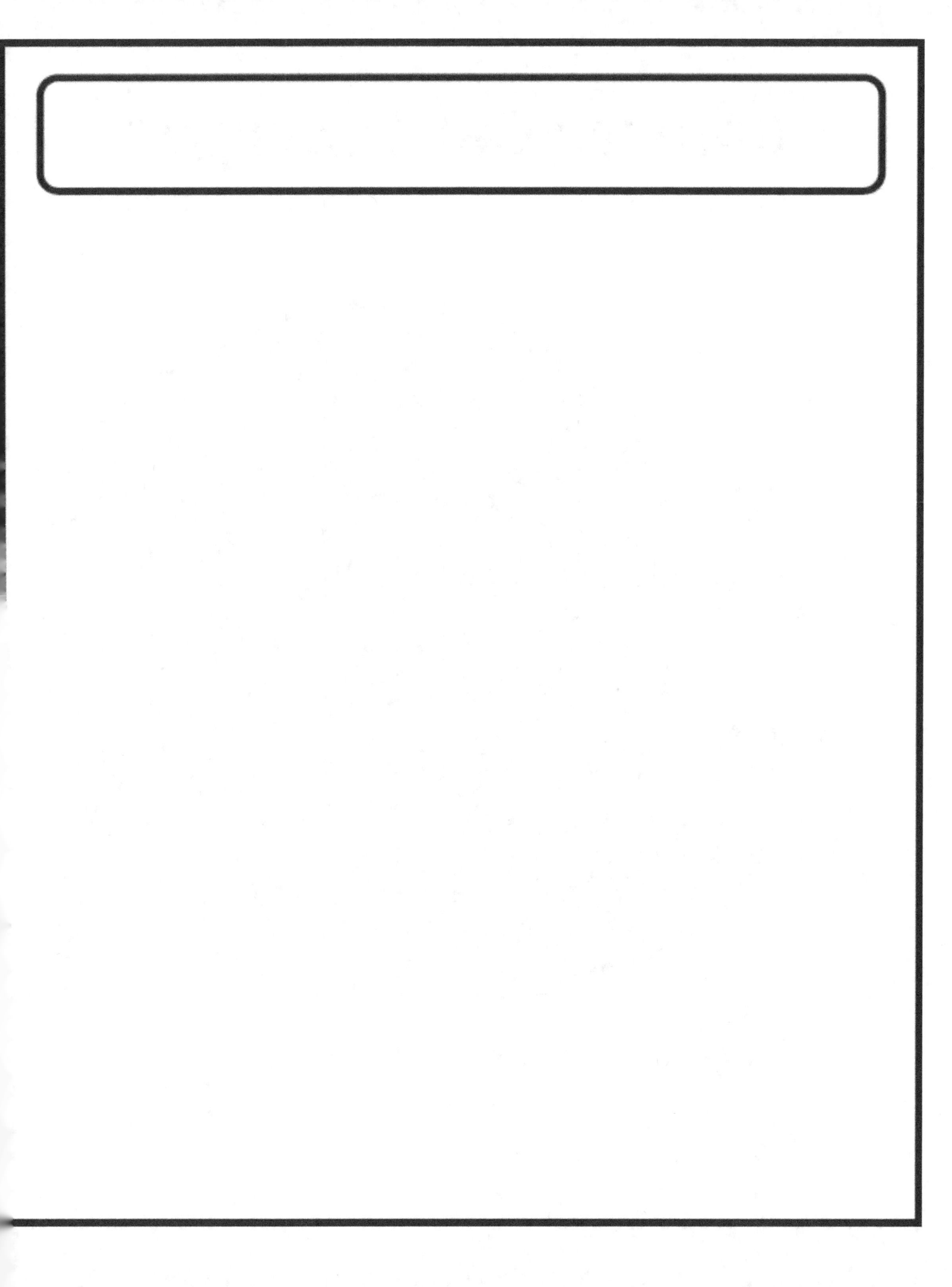

Colorez Cet Escargot

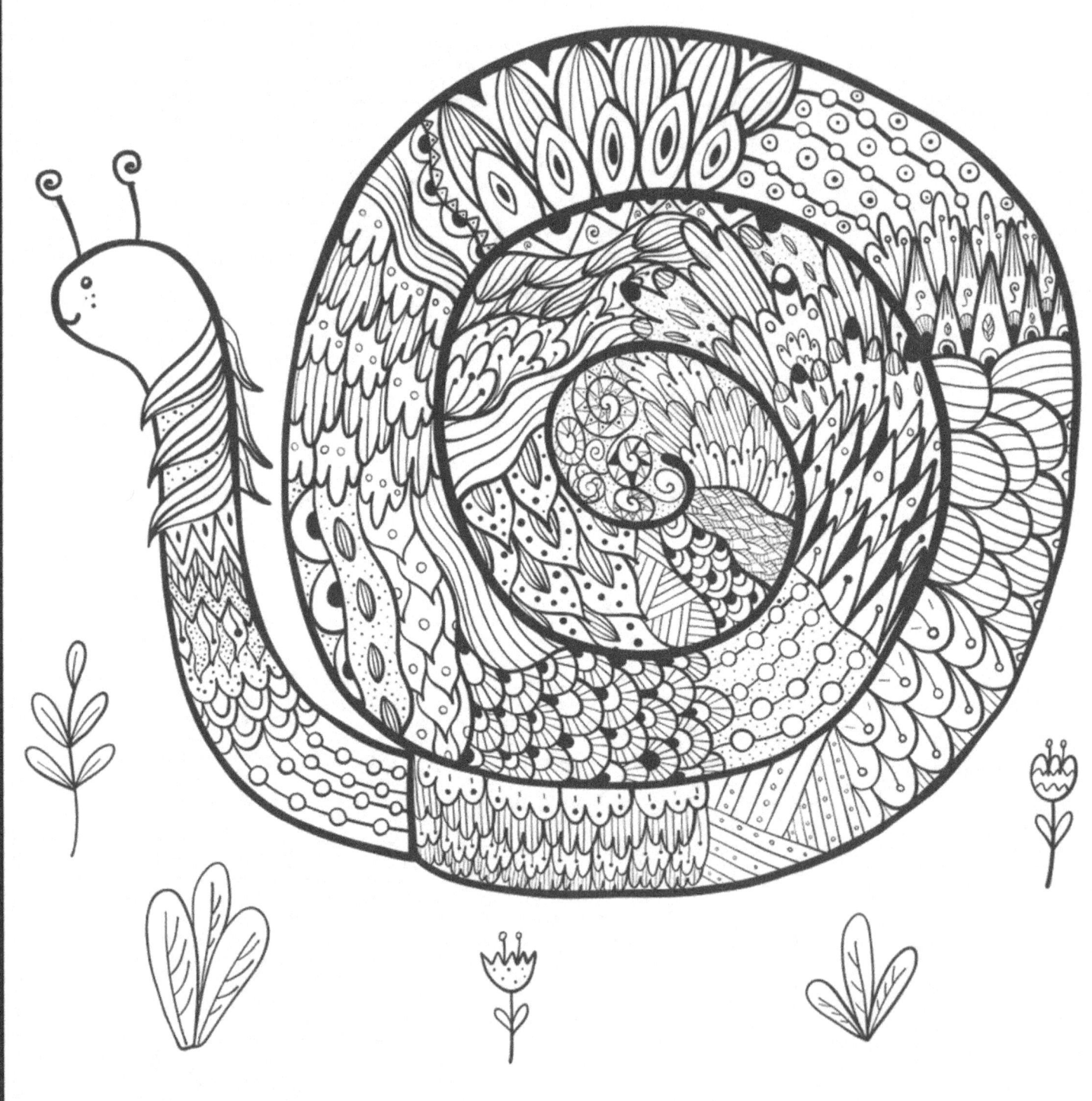

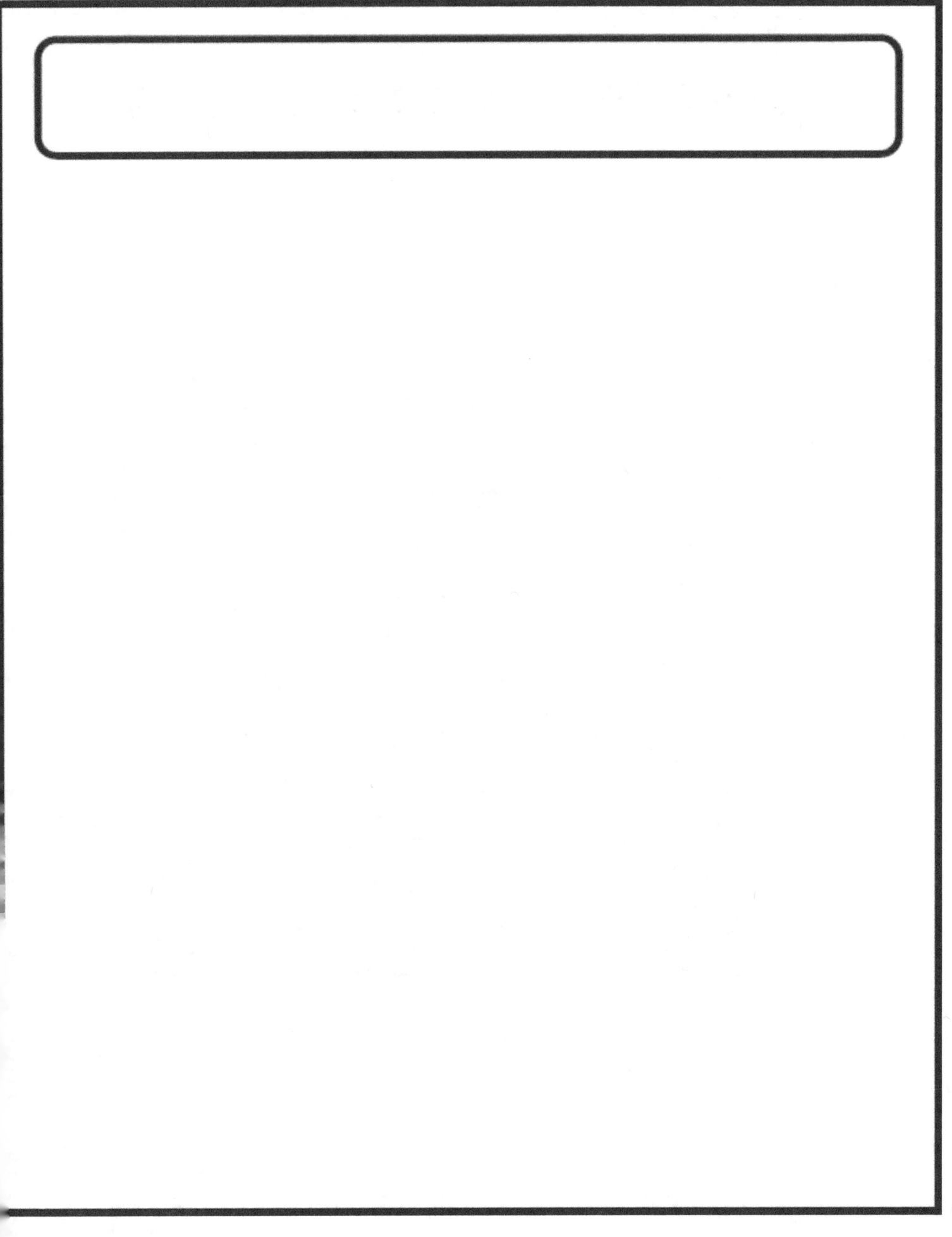

Colorez Cet Escargot

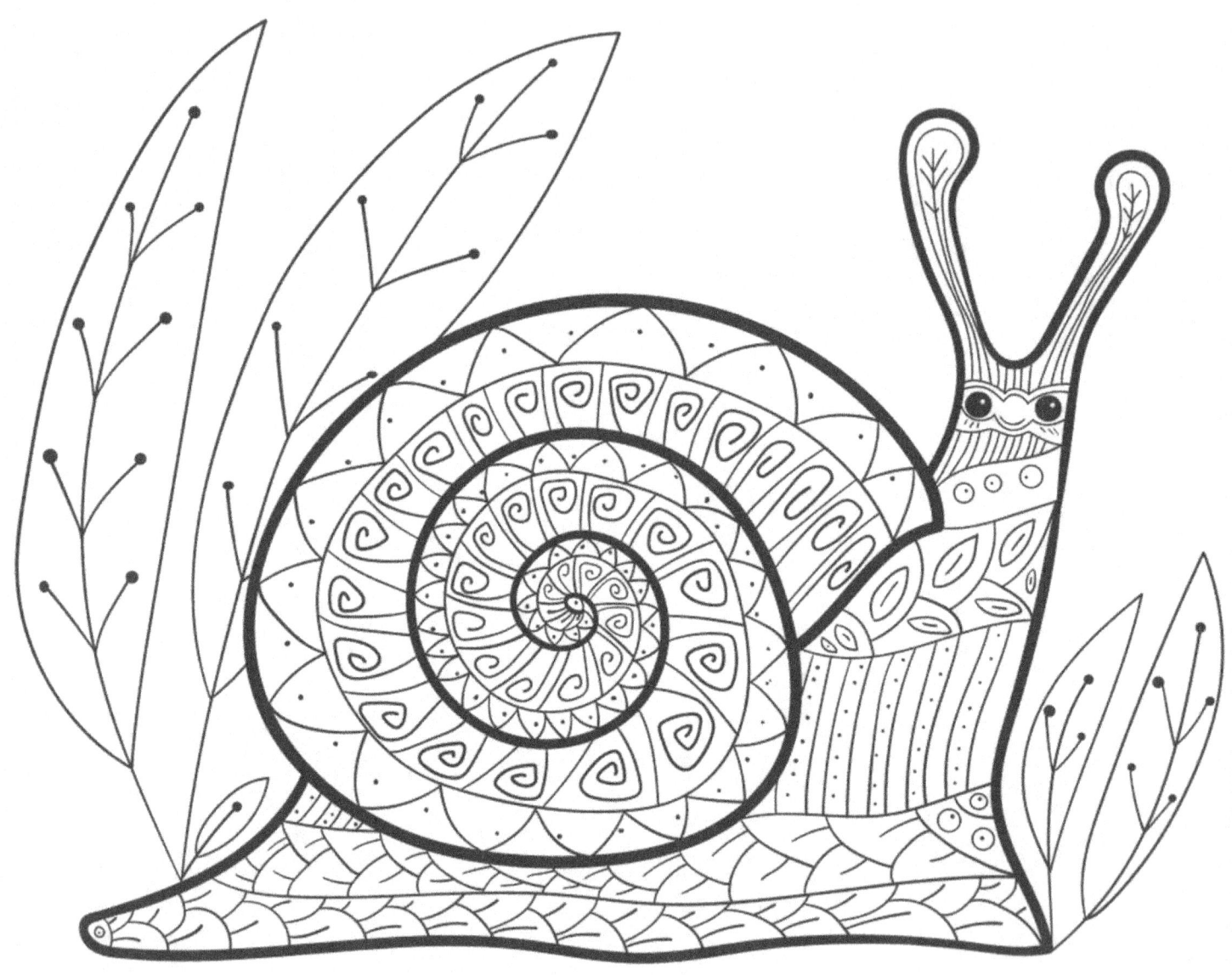

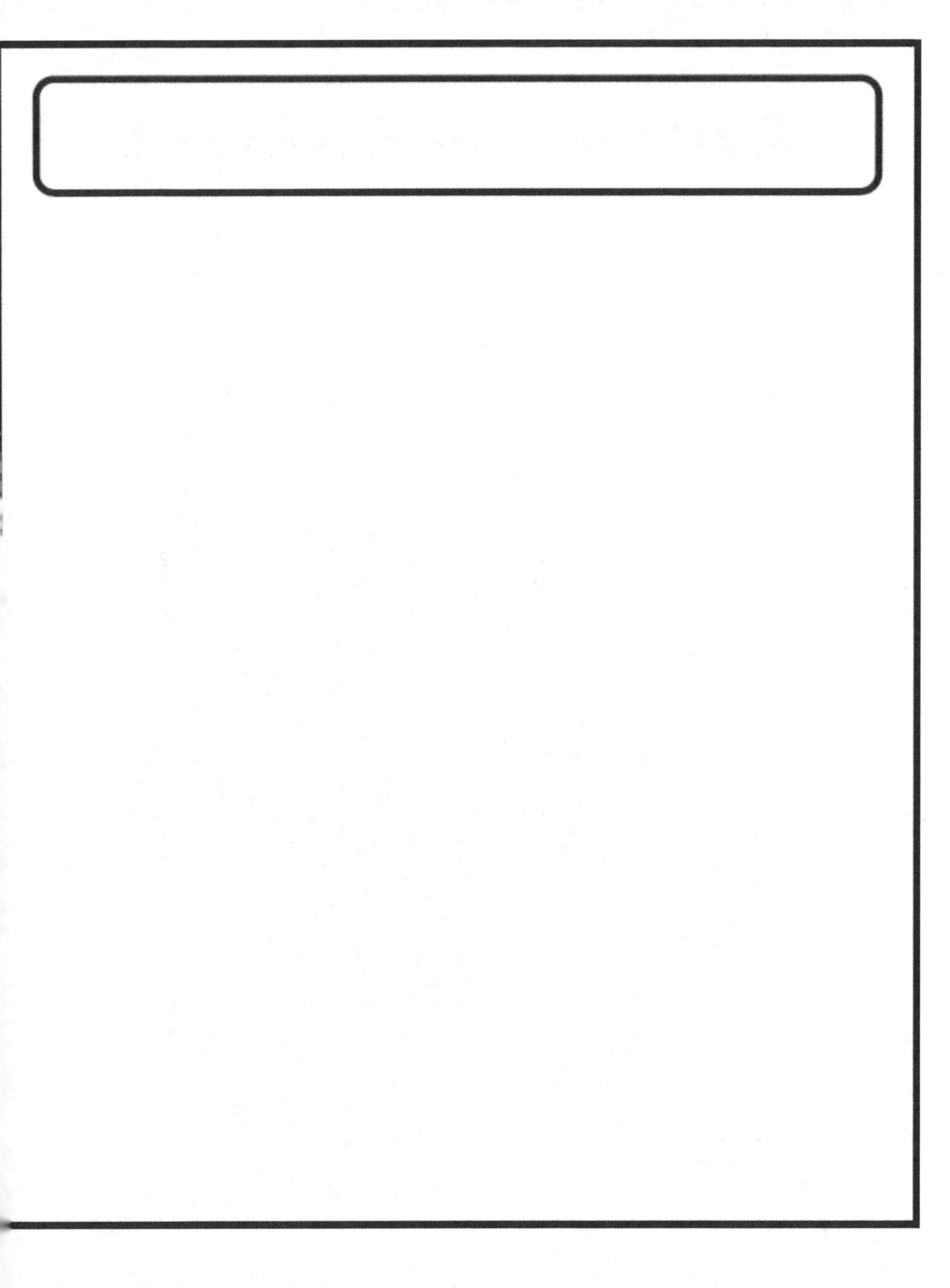

Colorez Cet Escargot

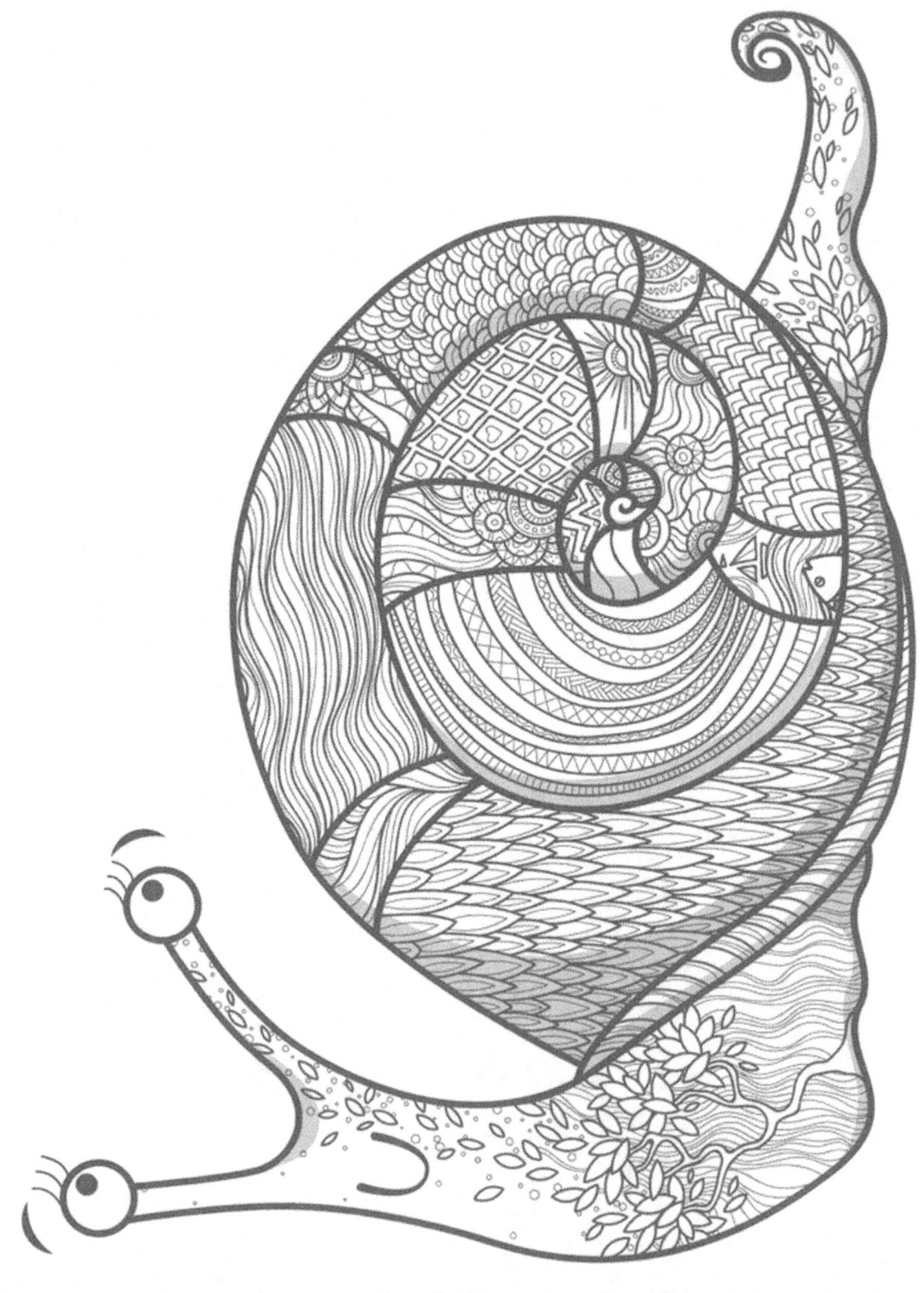

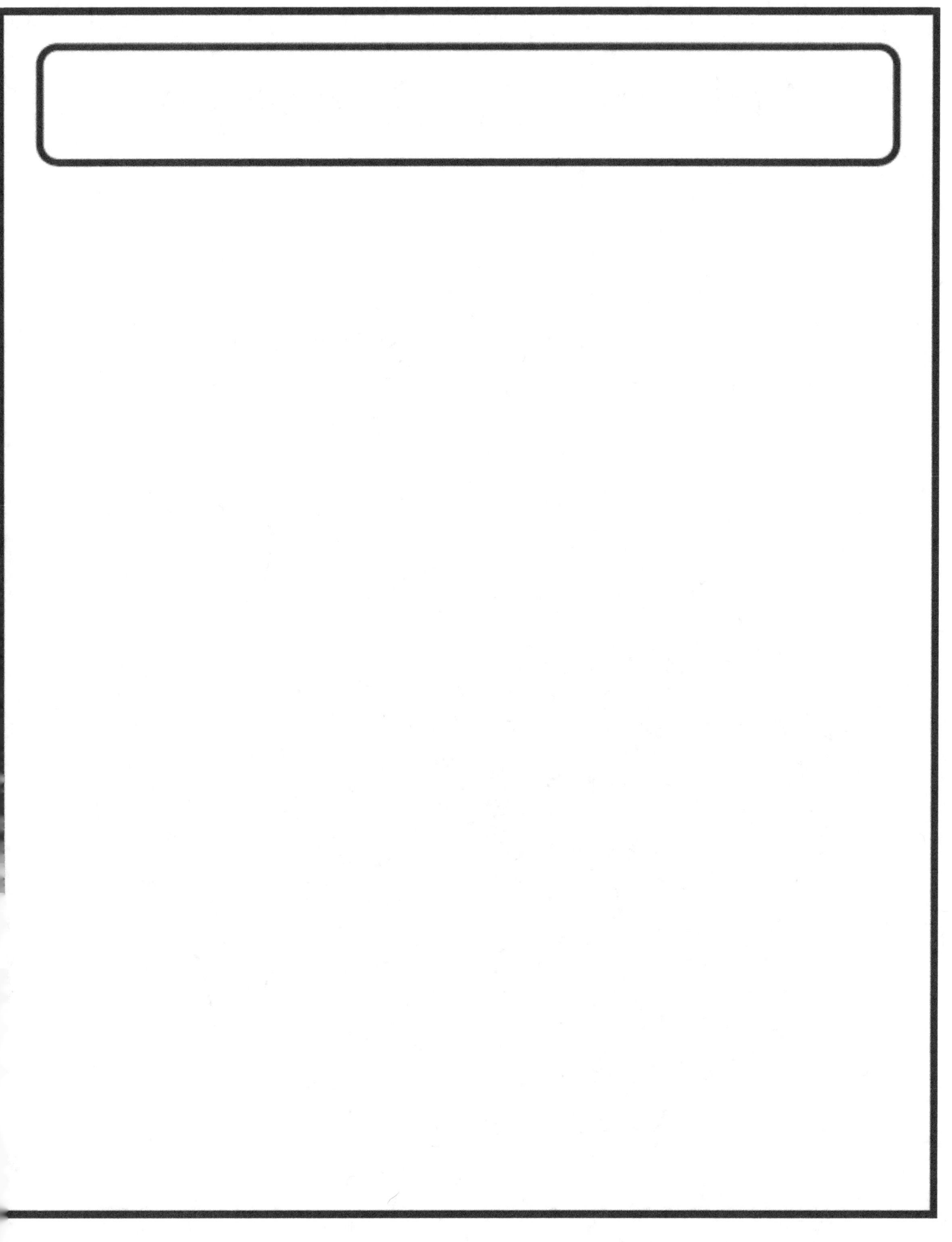

Colorez Cet Escargot

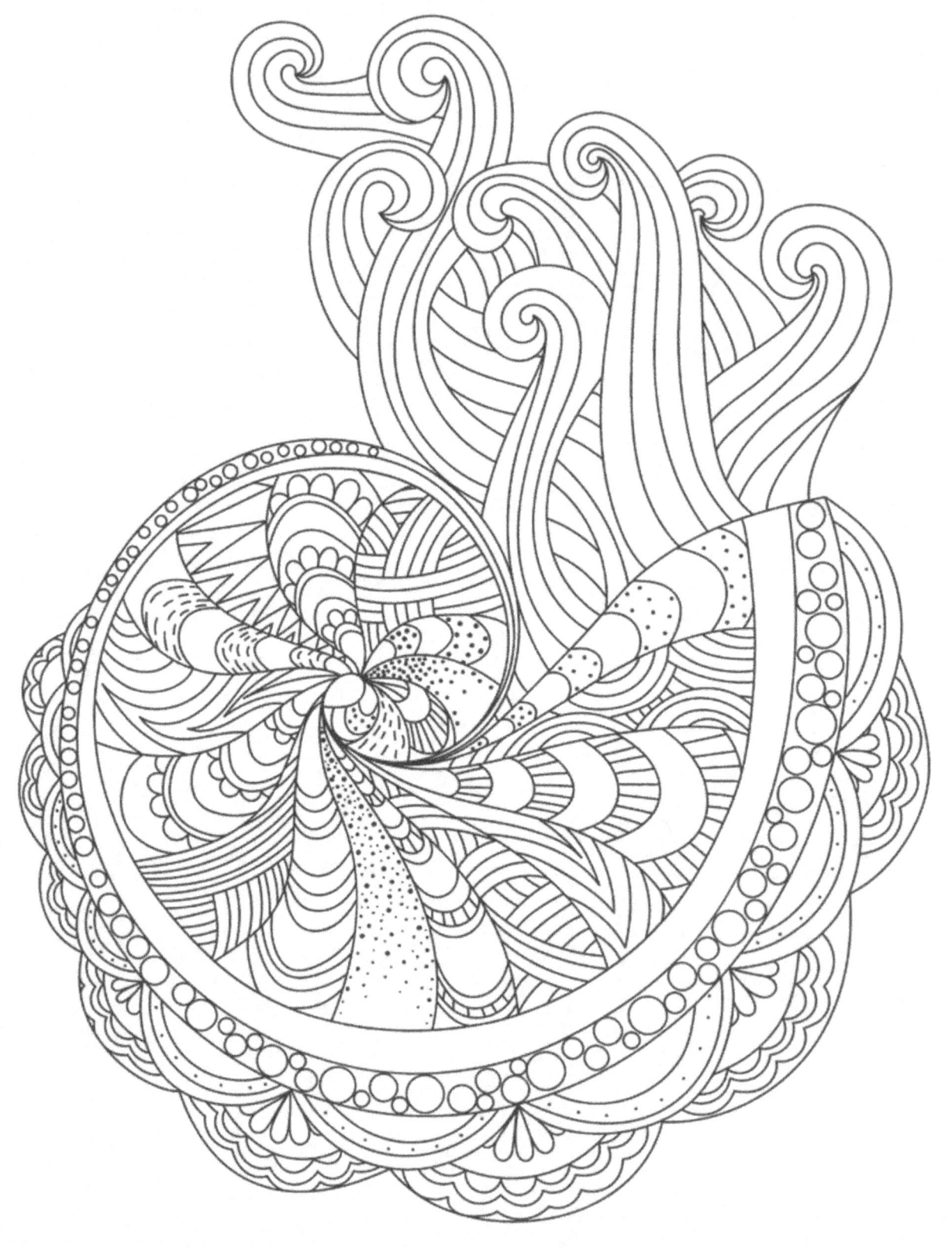

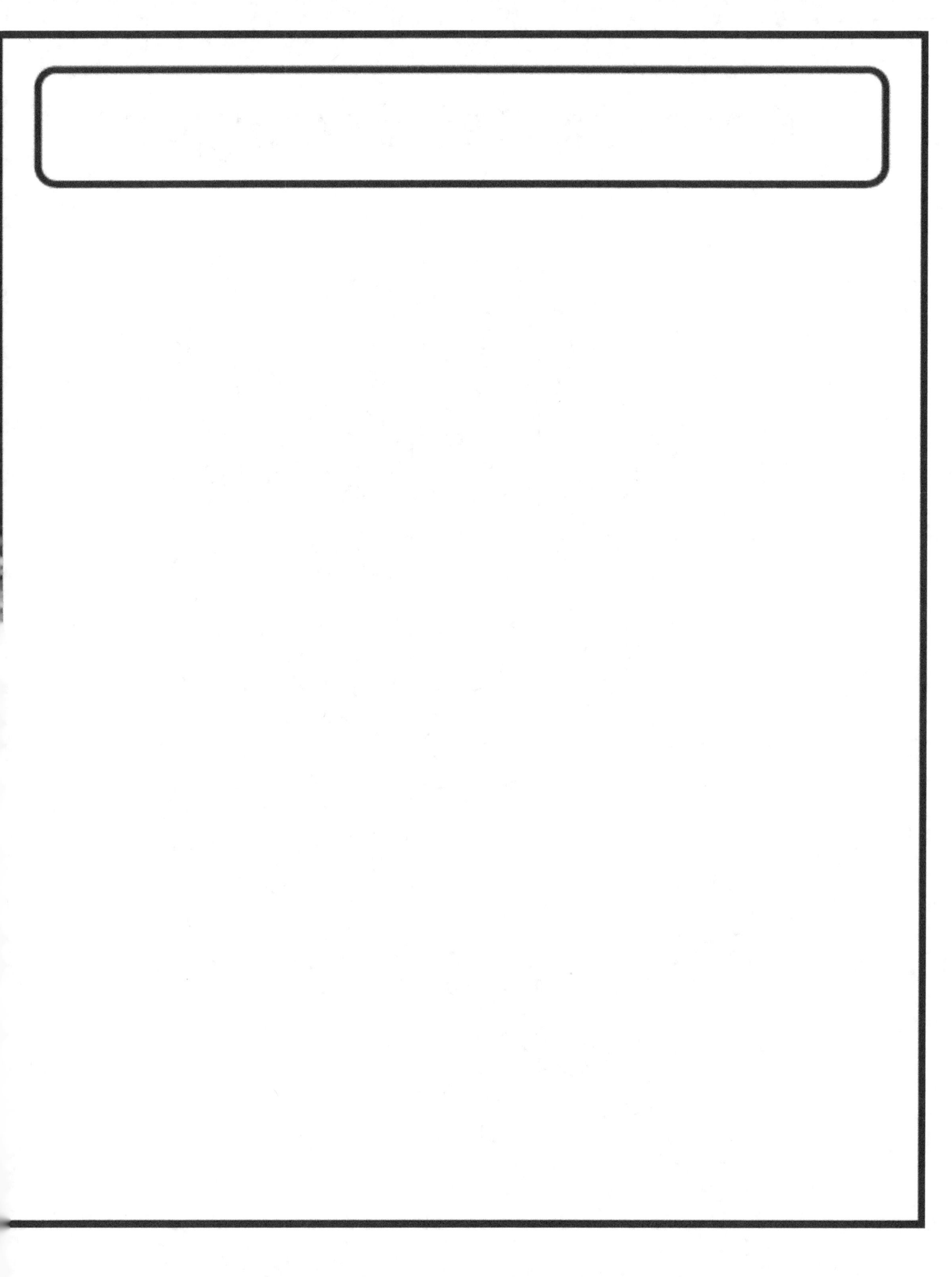

Colorez Cet Escargot

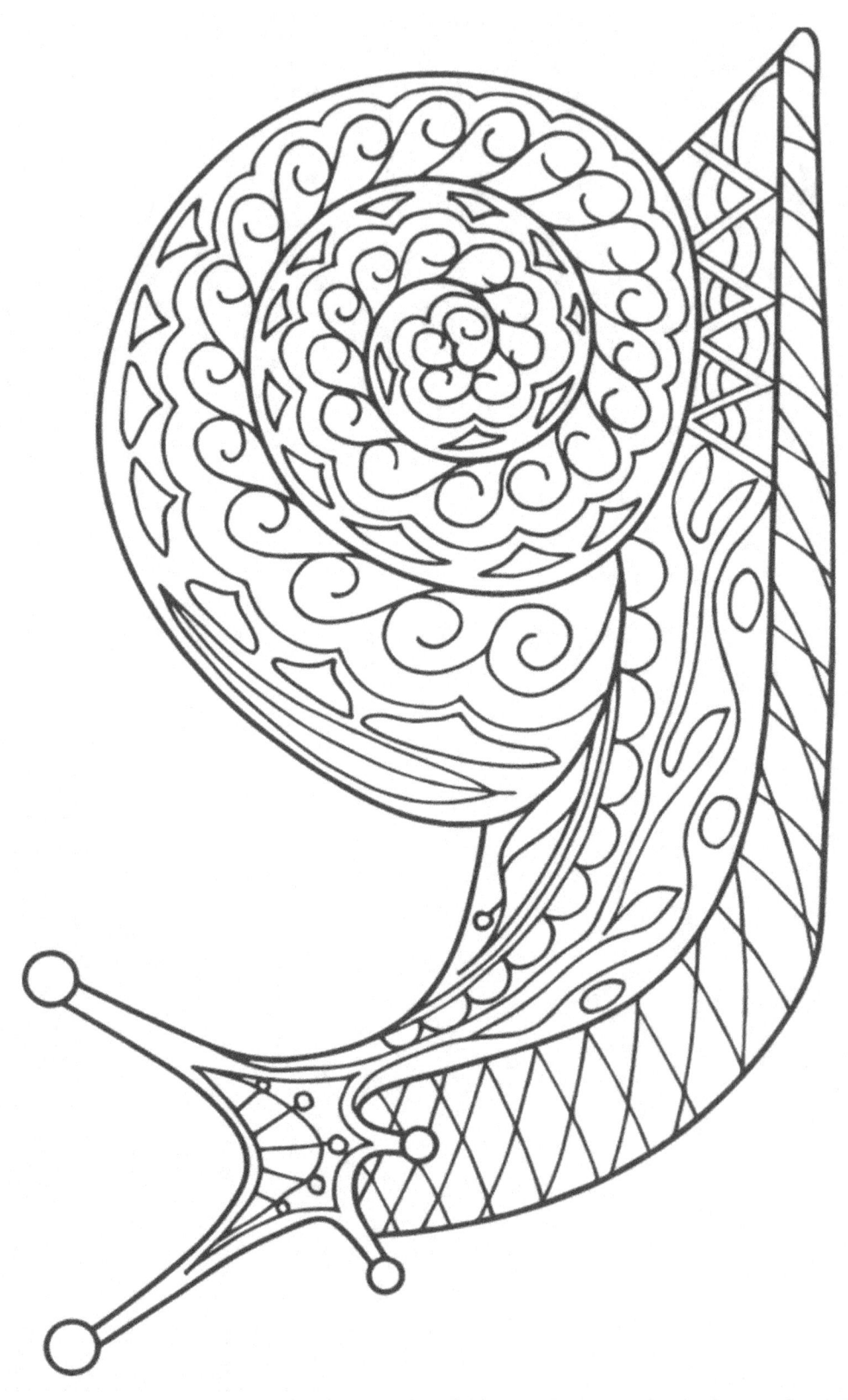

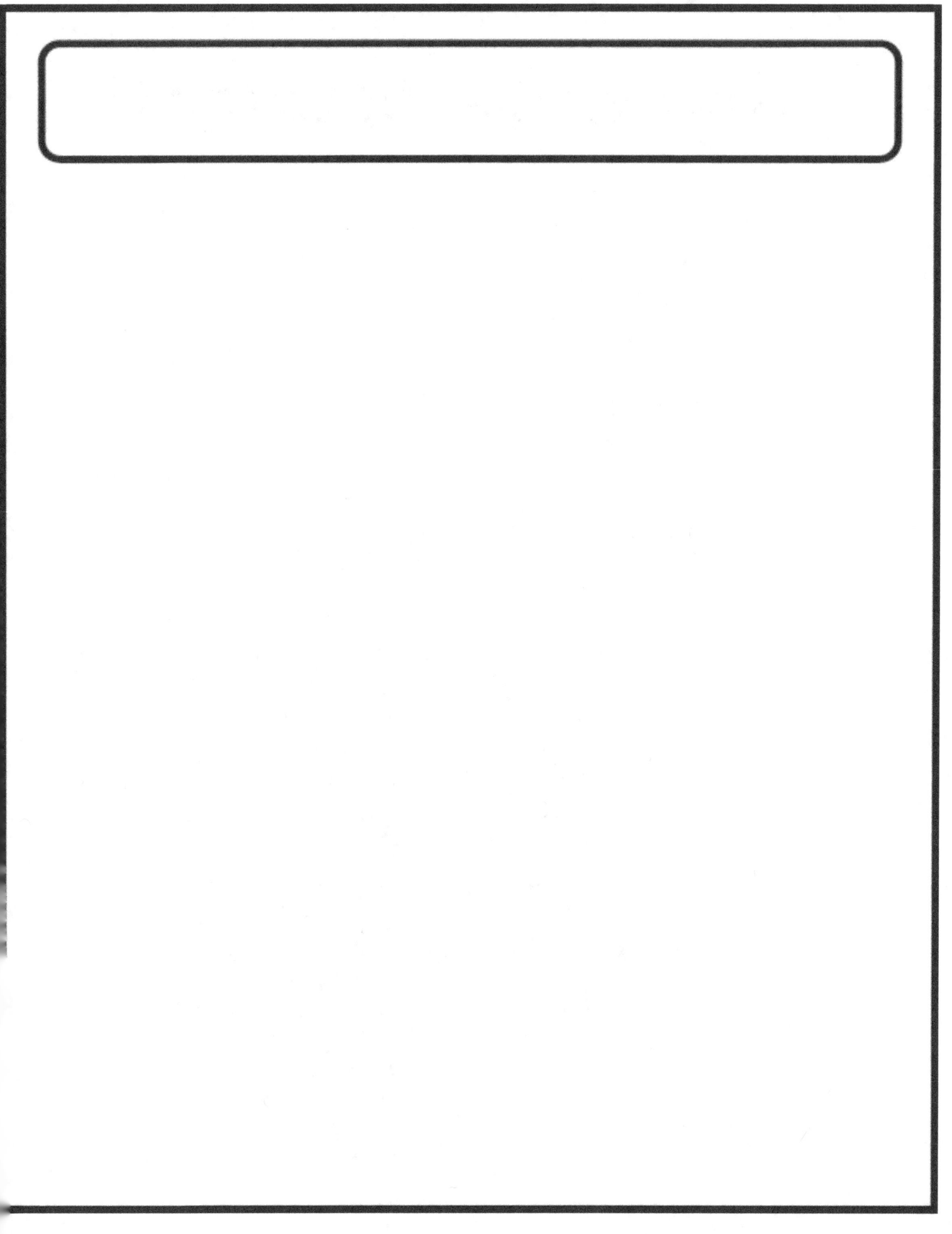

Colorez Cet Escargot

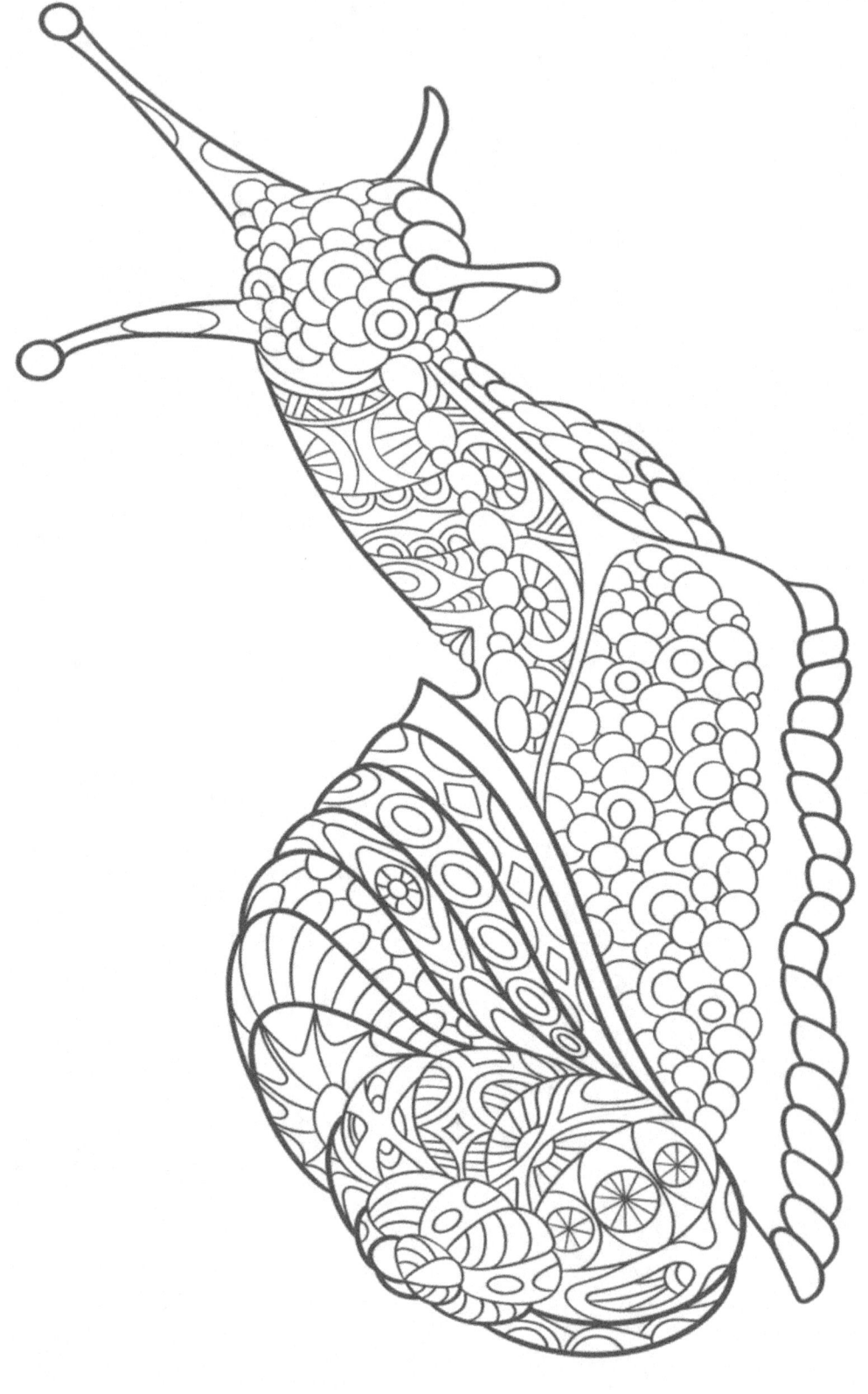

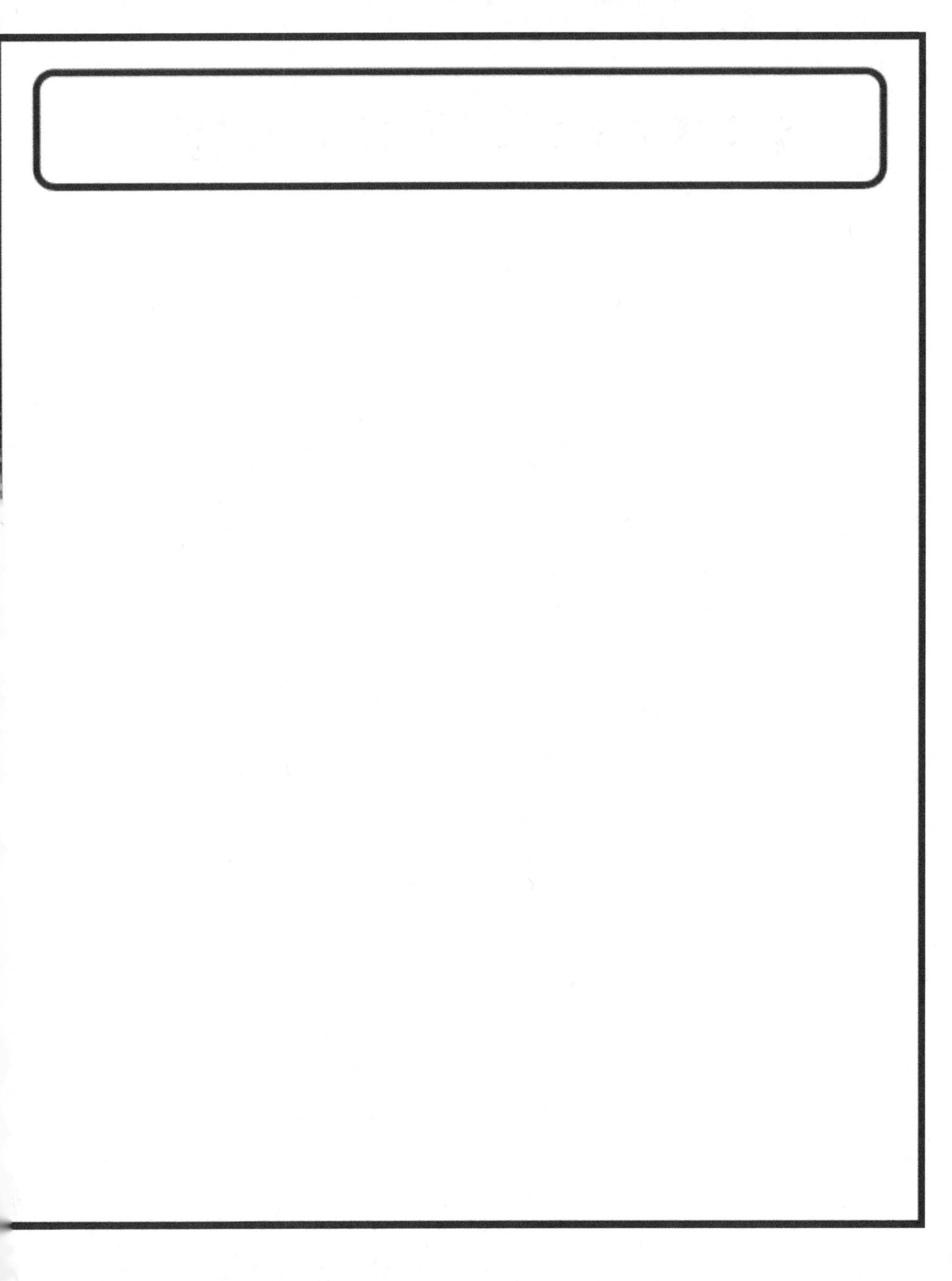

Colorez Cet Escargot

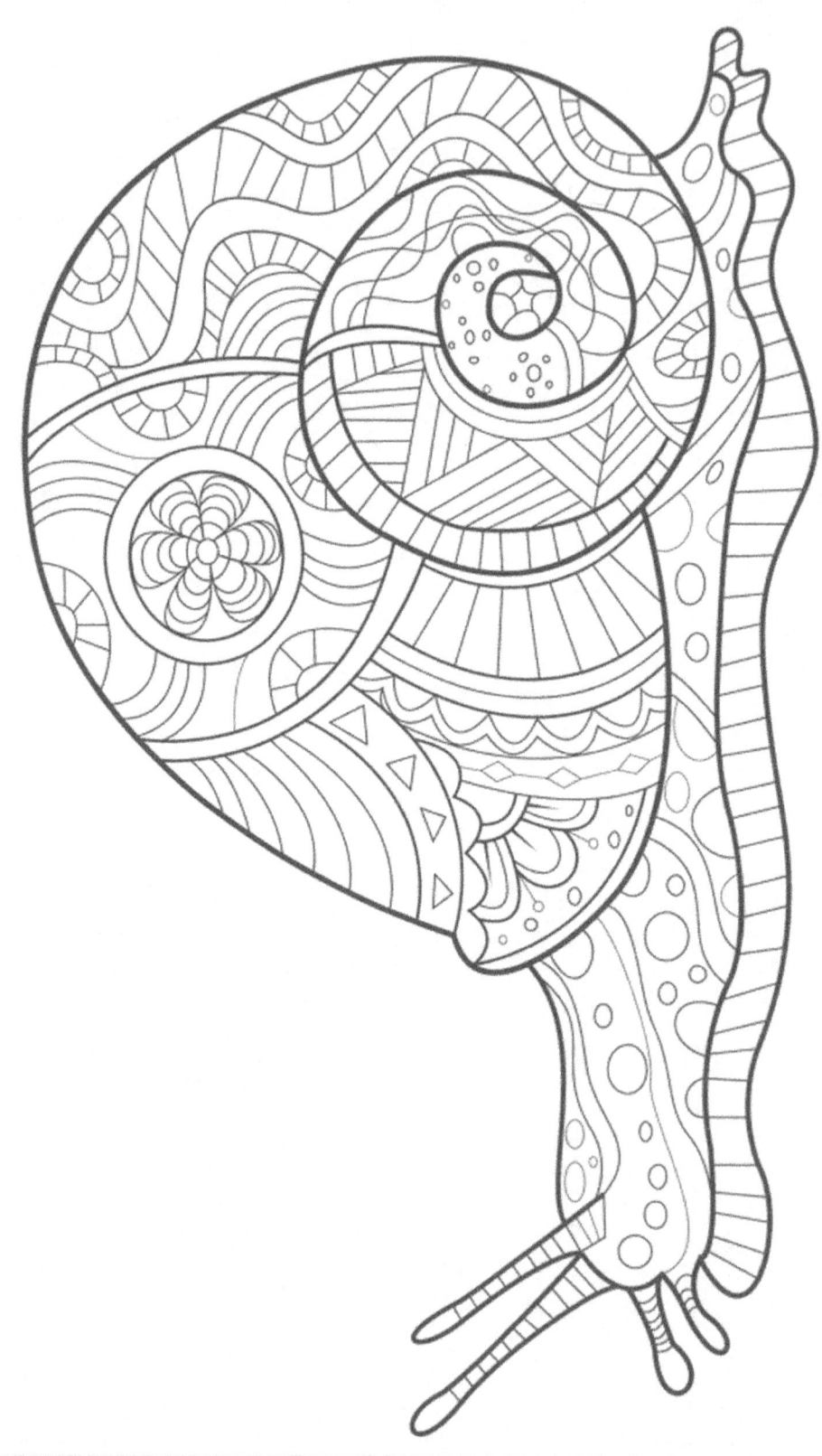

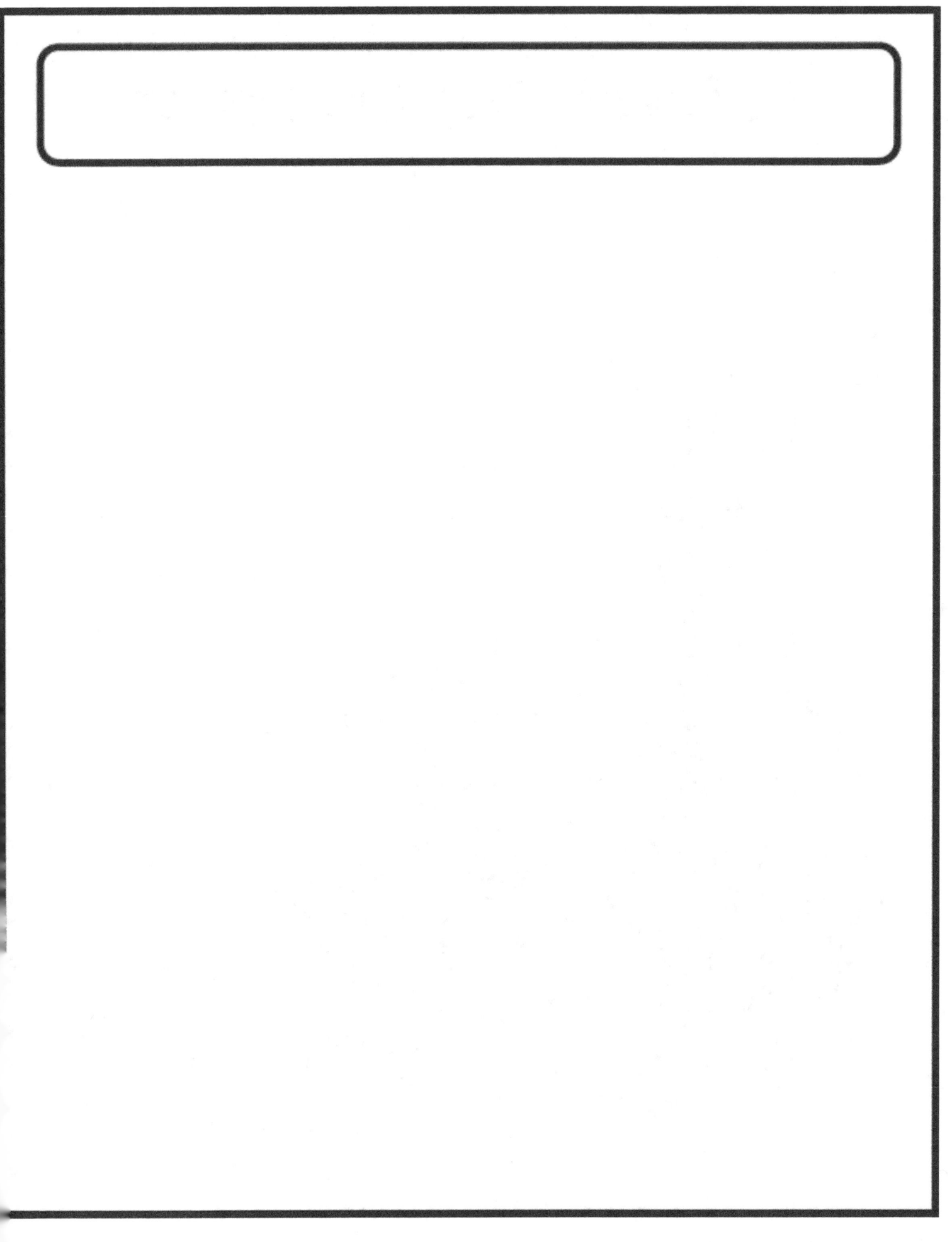

Colorez Cet Escargot

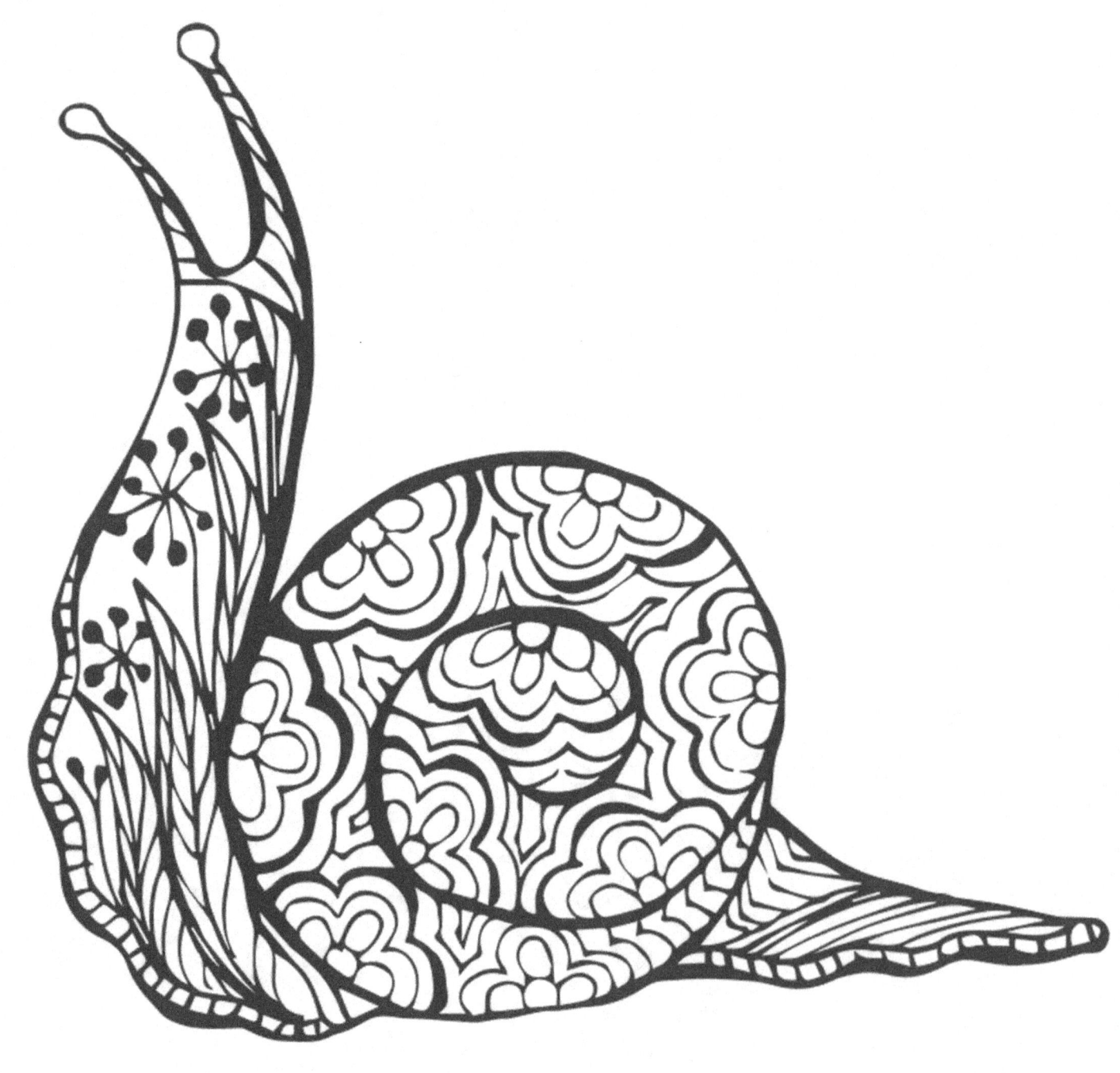

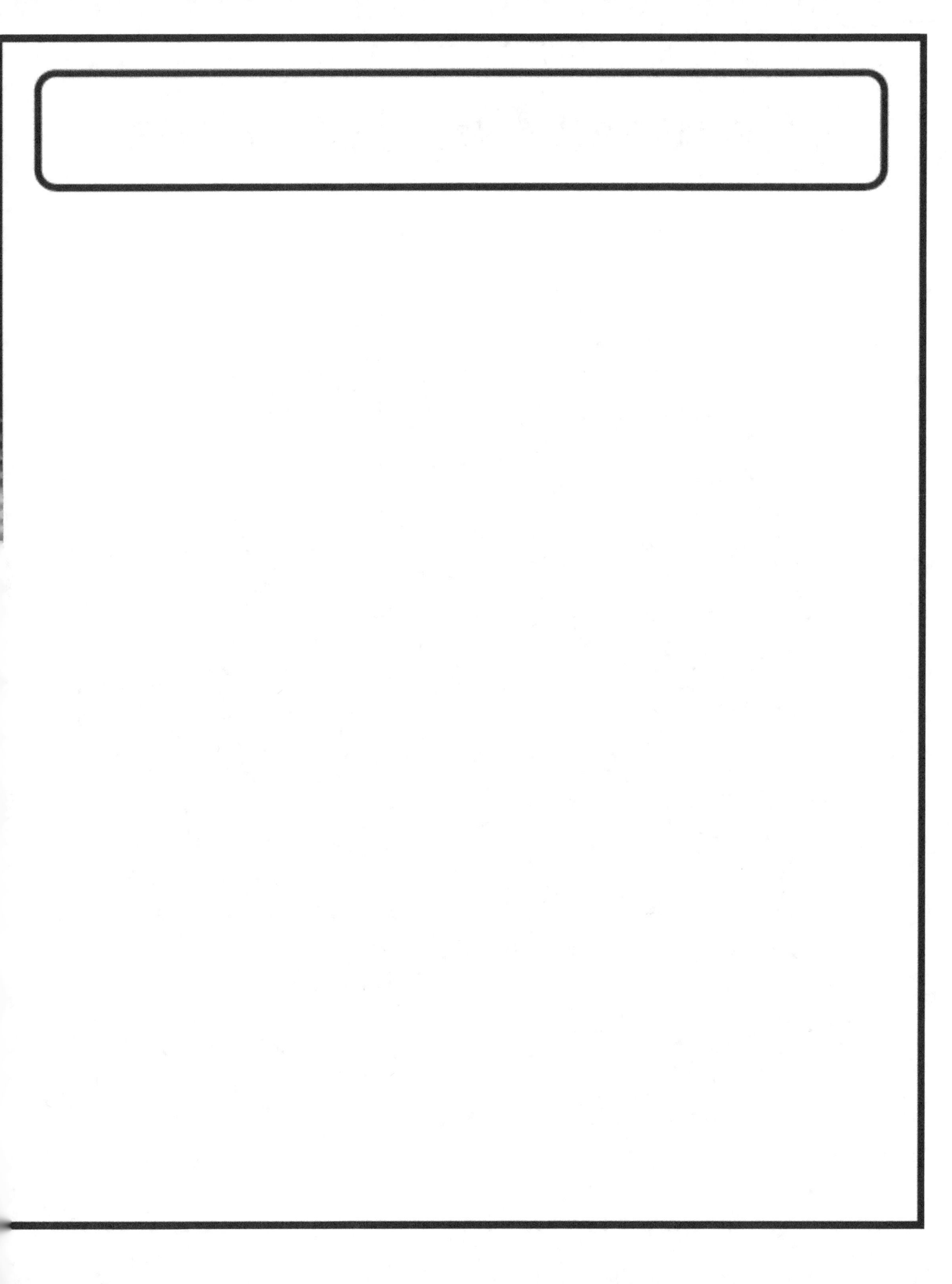

Colorez Cet Escargot

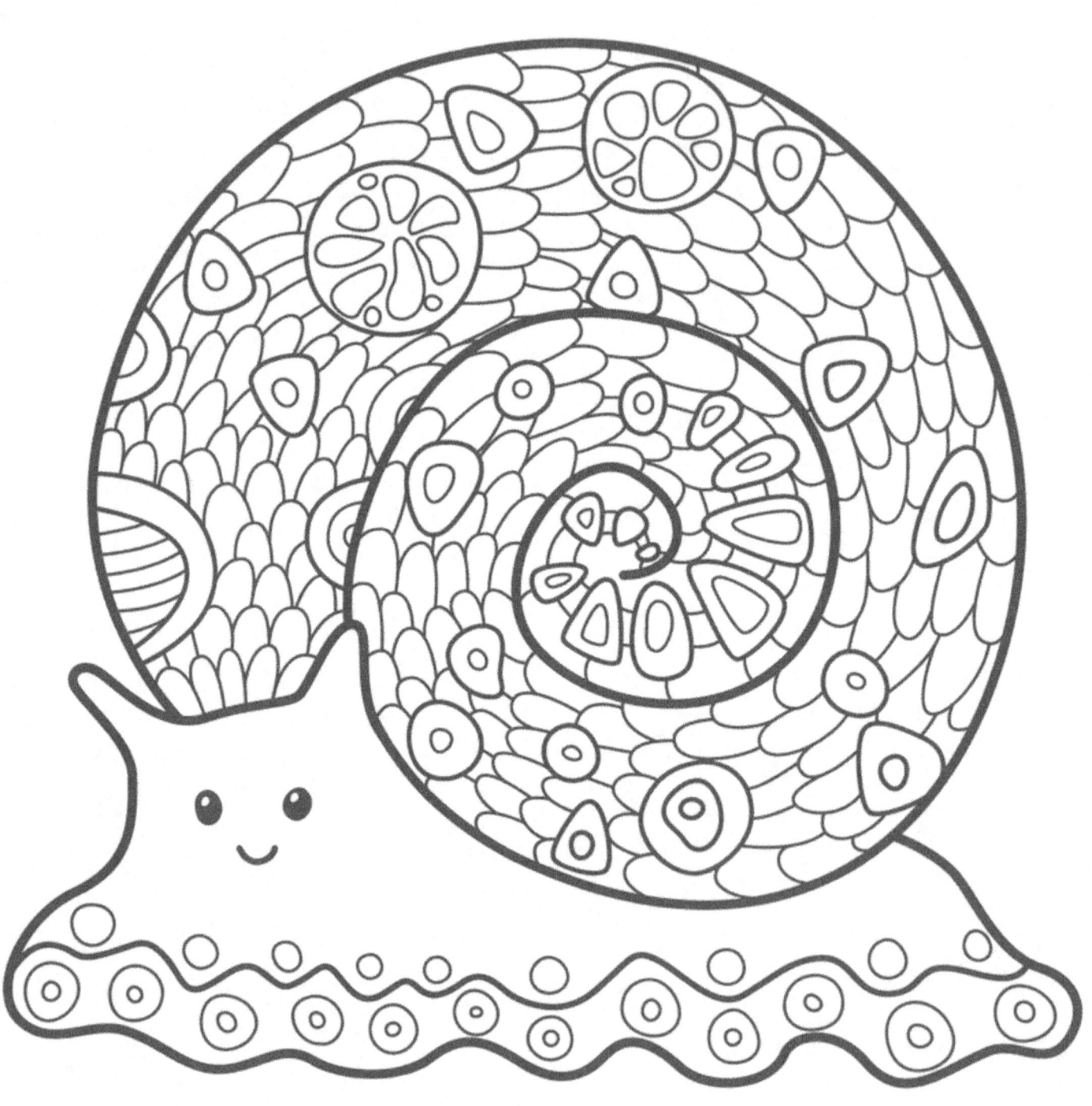

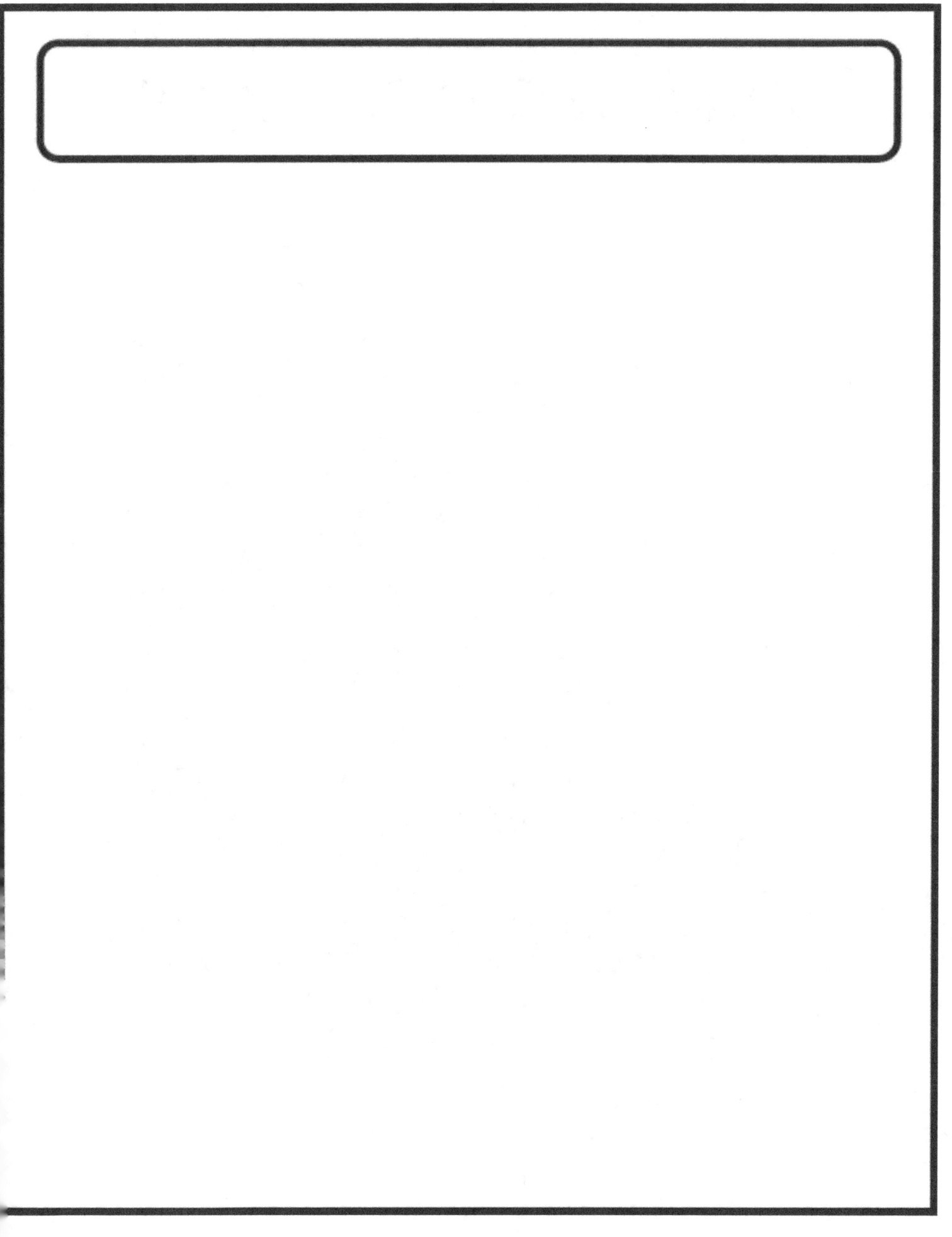

Colorez Cet Escargot

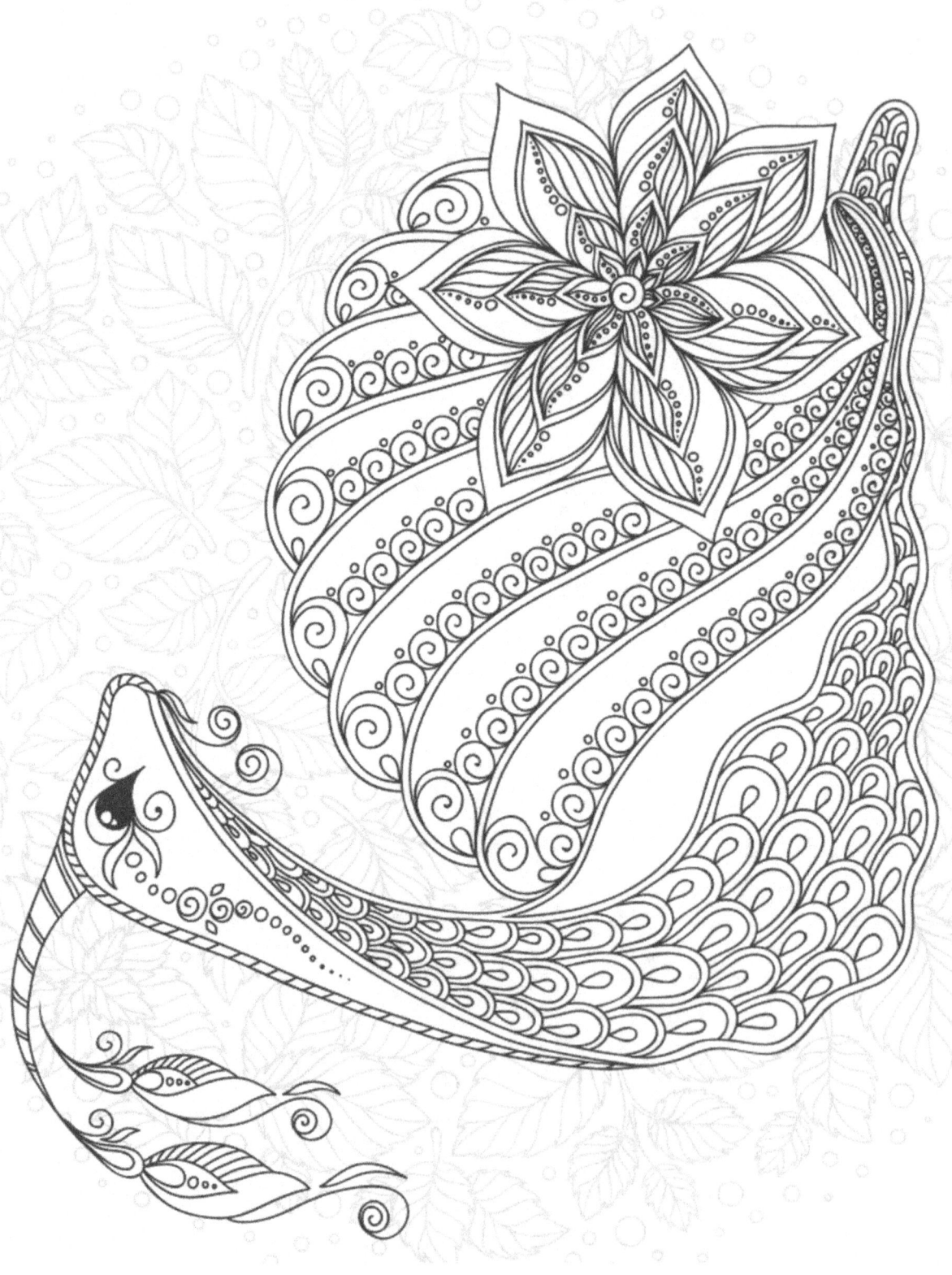

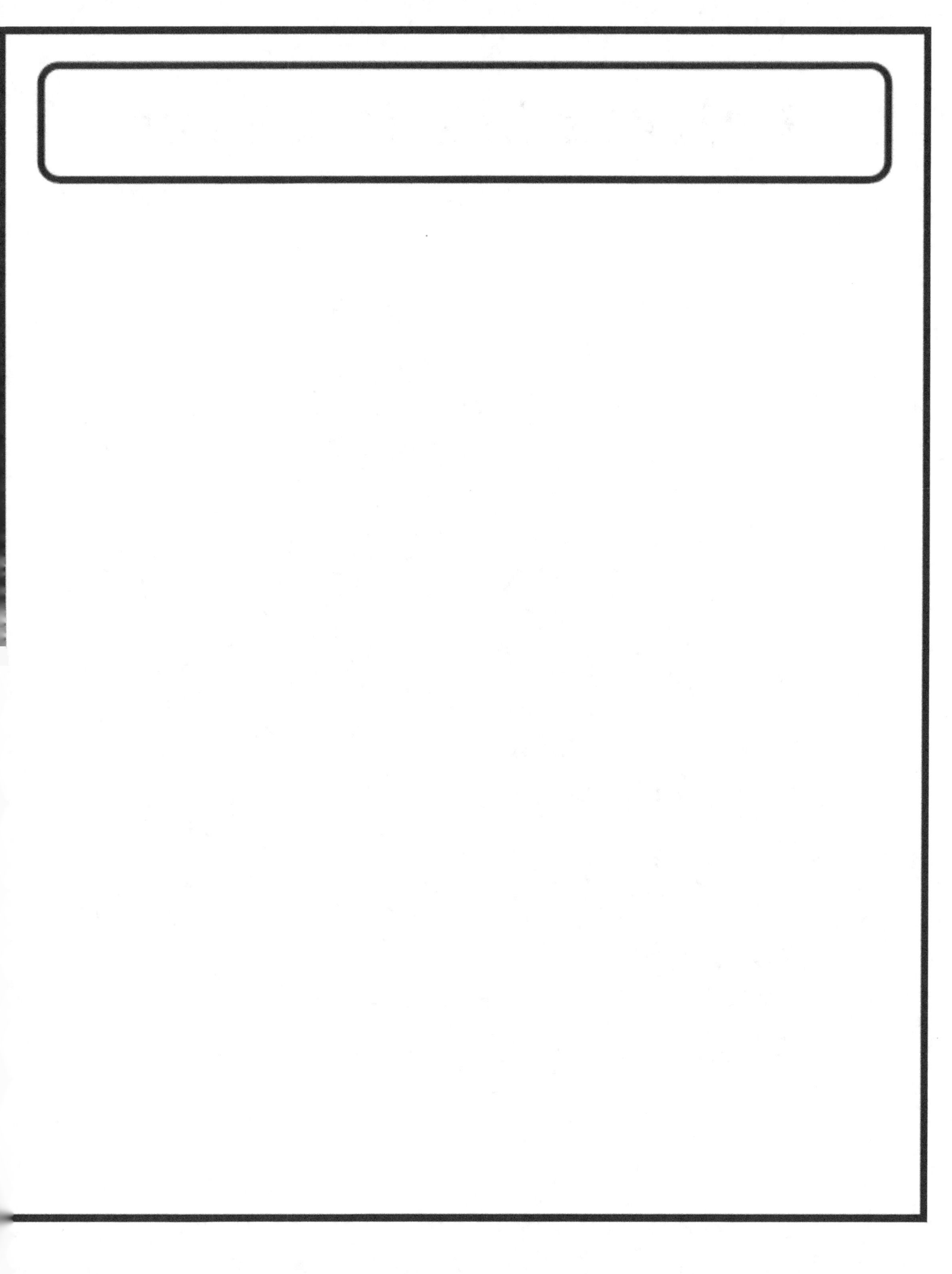

Colorez Cet Escargot

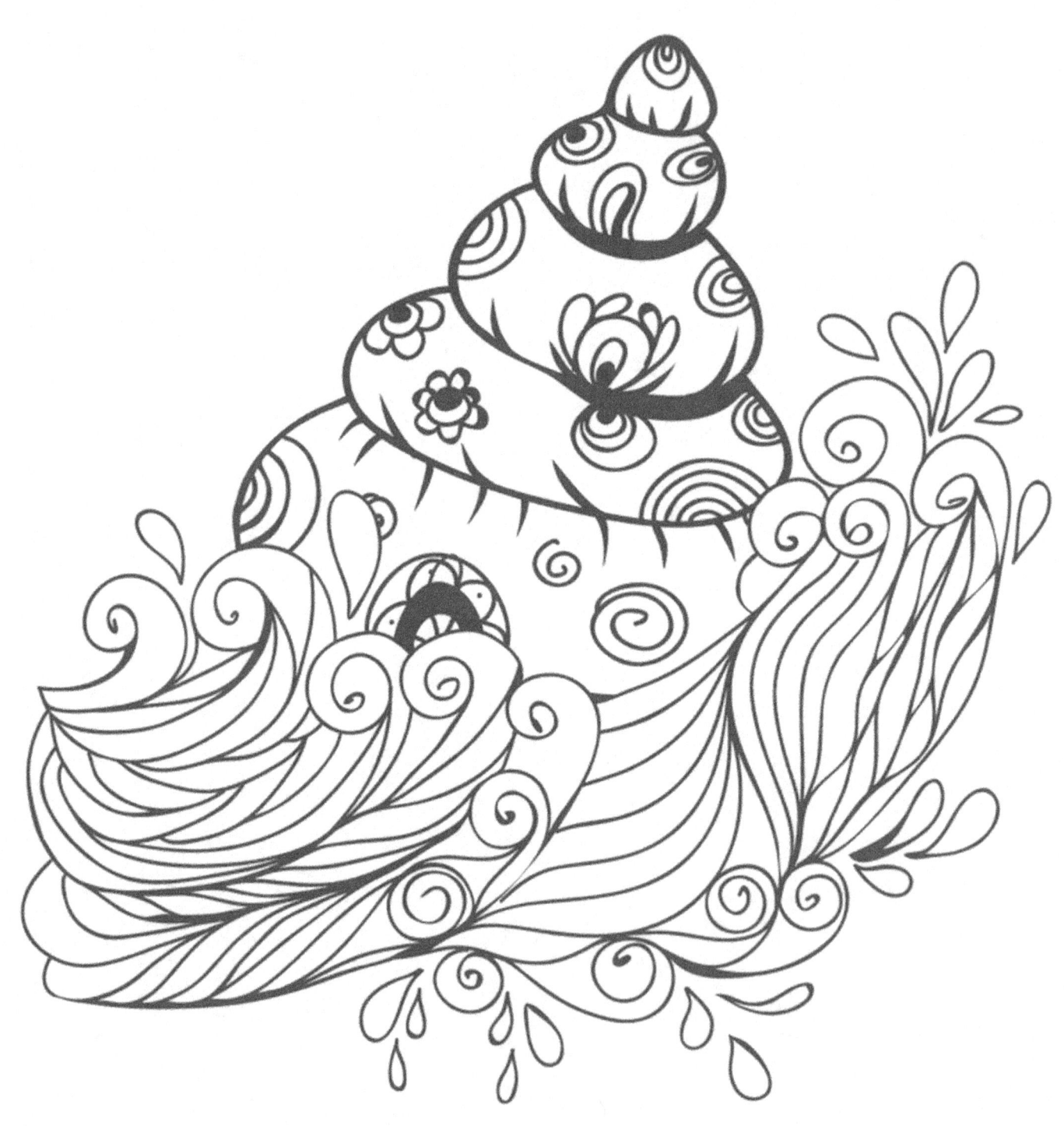

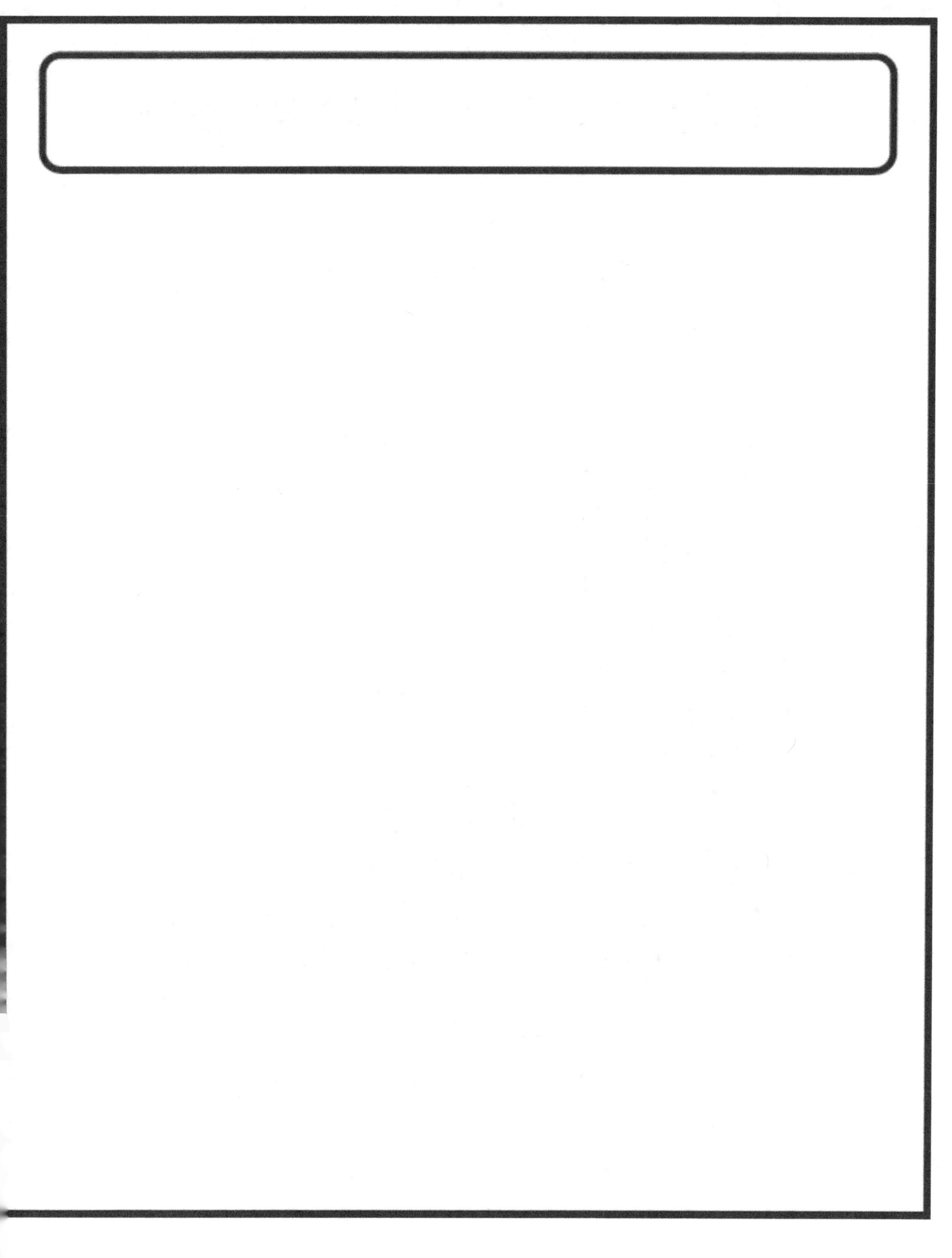

Colorez Cet Escargot

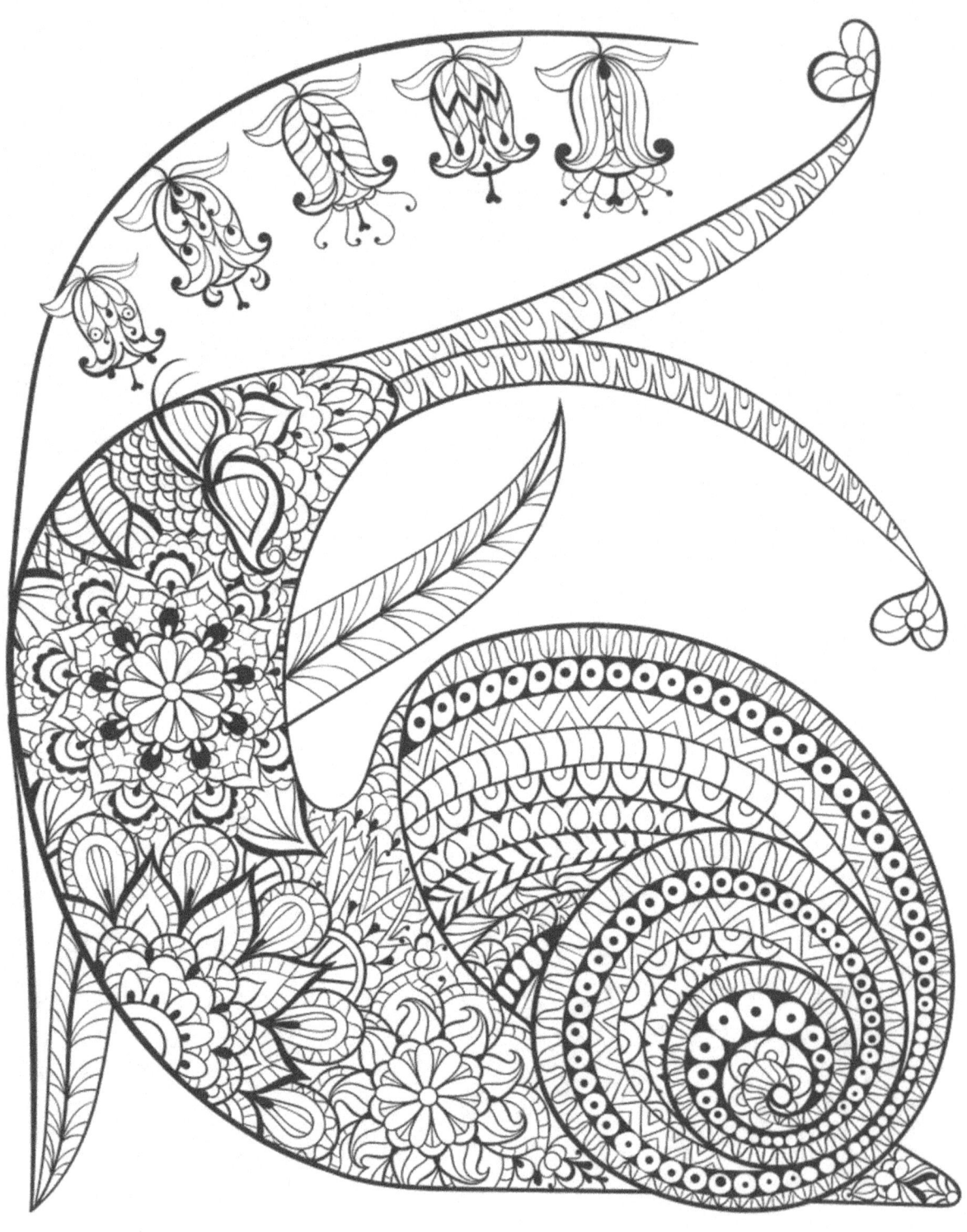

www.ingramcontent.com/pod-product-compliance
Lightning Source LLC
Chambersburg PA
CBHW081058240526
45465CB00025B/2674